Borchert | Werke

Wolfgang Borchert

»Draußen vor der Tür«

und andere Werke

Herausgegeben von Axel Dunker

Reclam

Zu diesem Text gibt es eine Interpretationshilfe:
Wolfgang Borchert, *Draußen vor der Tür*
Lektüreschlüssel (Nr. 15392)

E-Book-Ausgaben finden Sie auf unserer Website
unter www.reclam.de/e-book

RECLAMS UNIVERSAL-BIBLIOTHEK Nr. 19466
2018 Philipp Reclam jun. Verlag GmbH,
Siemensstraße 32, 71254 Ditzingen
Gestaltung: Cornelia Feyll, Friedrich Forssman
Druck und Bindung: Esser printSolutions GmbH,
Untere Sonnenstraße 5, 84030 Ergolding
Printed in Germany 2024

ISBN 978-3-15-019466-9

Auch als E-Book erhältlich

www.reclam.de

DRAUSSEN VOR DER TÜR

(Ein Mann kommt nach Deutschland)

(Ein Stück, das kein Theater spielen und kein Publikum sehen will)

[Hans Quest
gewidmet]

[Personen]

BECKMANN, einer von denen
seine FRAU, die ihn vergaß
deren FREUND, der sie liebt
ein MÄDCHEN, dessen Mann auf einem Bein nach Hause kam
ihr MANN, der tausend Nächte von ihr träumte
ein OBERST, der sehr lustig ist
seine FRAU, die es friert in ihrer warmen Stube
die TOCHTER, gerade beim Abendbrot
deren schneidiger MANN
ein KABARETTDIREKTOR, der mutig sein möchte, aber dann doch lieber feige ist
Frau KRAMER, die weiter nichts ist als Frau Kramer, und das ist gerade so furchtbar
der alte MANN, an den keiner mehr glaubt
der BEERDIGUNGSUNTERNEHMER mit dem Schluckauf
ein STRASSENFEGER, der gar keiner ist
DER ANDERE, den jeder kennt
[die ELBE]

Ein Mann kommt nach Deutschland.

Er war lange weg, der Mann. Sehr lange. Vielleicht zu lange. Und er kommt ganz anders wieder als er wegging. Äußerlich ist er ein naher Verwandter jener Gebilde, die auf den Feldern stehen, um die Vögel (und manchmal abends auch die Menschen) zu erschrecken. Innerlich – auch. Er hat tausend Tage draußen in der Kälte gewartet. Und als Eintrittsgeld mußte er noch mit seiner Kniescheibe bezahlen. Und nachdem er nun tausend Nächte draußen in der Kälte gewartet hat, kommt er endlich doch noch nach Hause.

Ein Mann kommt nach Deutschland.

Und da erlebt er einen ganz tollen Film. Er muß sich während der Vorstellung mehrmals in den Arm kneifen, denn er weiß nicht, ob er wacht oder träumt. Aber dann sieht er, daß es rechts und links neben ihm noch mehr Leute gibt, die alle dasselbe erleben. Und er denkt, daß es dann doch wohl die Wahrheit sein muß. Ja, und als er dann am Schluß mit leerem Magen und kalten Füßen wieder auf der Straße steht, merkt er, daß es eigentlich nur ein ganz alltäglicher Film war, ein ganz alltäglicher Film. Von einem Mann, der nach Deutschland kommt, einer von denen. Einer von denen, die nach Hause kommen und die dann doch nicht nach Hause kommen, weil für sie kein Zuhause mehr da ist. Und ihr Zuhause ist dann draußen vor der Tür. Ihr Deutschland ist draußen, nachts im Regen, auf der Straße.

Das ist ihr Deutschland.

VORSPIEL

(Der Wind stöhnt. Die Elbe schwappt gegen die Pontons. Es ist Abend. Der Beerdigungsunternehmer. Gegen den Abendhimmel die Silhouette eines Menschen).

DER BEERDIGUNGSUNTERNEHMER *(rülpst mehrere Male und sagt dabei jedesmal):* Rums! Rums! Wie die – rums! Wie die Fliegen! Wie die Fliegen, sag ich.

Aha, da steht einer. Da auf dem Ponton. Sieht aus, als ob er Uniform anhat. Ja, einen alten Soldatenmantel hat er an. Mütze hat er nicht auf. Seine Haare sind kurz wie eine Bürste. Er steht ziemlich dicht am Wasser. Beinahe zu dicht am Wasser steht er da.

Das ist verdächtig. Die abends im Dunkeln am Wasser stehen, das sind entweder Liebespaare oder Dichter. Oder das ist einer von denen aus der großen grauen Zahl, die keine Lust mehr haben. Die den Laden hinwerfen und nicht mehr mitmachen. Scheint auch so einer zu sein, von denen, der da auf dem Ponton. Steht gefährlich dicht am Wasser. Steht ziemlich allein da. Ein Liebespaar kann es nicht sein, das sind immer zwei. Ein Dichter ist es auch nicht. Dichter haben längere Haare. Aber dieser hier auf dem Ponton hat eine Bürste auf dem Kopf. Merkwürdiger Fall, der da auf dem Ponton, ganz merkwürdig.

(Es gluckst einmal schwer und dunkel auf.)

(Die Silhouette ist verschwunden.)

Rums! Da! Weg ist er. Reingesprungen. Stand zu dicht am Wasser. Hat ihn wohl untergekriegt. Und jetzt ist er weg. Rums. Ein Mensch stirbt. Und? Nichts weiter. Der Wind weht weiter. Die Elbe quasselt weiter. Die Straßenbahn klingelt weiter. Die Huren liegen weiter weiß und weich in den Fenstern. Herr Kramer dreht sich auf die andere Seite und schnarcht weiter. Und keine-keine Uhr bleibt stehen. Rums! Ein Mensch ist gestorben. Und? Nichts weiter. Nur ein paar kreisförmige Wellen beweisen, daß er mal da war. Aber auch die haben sich schnell wieder beruhigt. Und wenn die sich verlaufen haben, dann ist auch er vergessen, verlaufen, spurlos, als ob er nie gewesen wäre. Weiter nichts. Hallo? Da weint einer. Merkwürdig. Ein alter Mann steht da und weint. Guten Abend.

DER ALTE MANN *(nicht jämmerlich, sondern erschüttert):* Kinder, Kinder! Meine Kinder!

BEERDIGUNGSUNTERNEHMER: Warum weinst du denn, Alter?

DER ALTE MANN: Weil ich es nicht ändern kann, oh, weil ich es nicht ändern kann.

BEERDIGUNGSUNTERNEHMER: Rums! Tschuldigung! Das ist allerdings schlecht. Aber deswegen braucht man doch nicht gleich loszulegen wie eine verlassene Braut. Rums! Tschuldigung!

DER ALTE MANN: Oh, meine Kinder! Es sind doch alles meine Kinder!

BEERDIGUNGSUNTERNEHMER: Oho, wer bist du denn?

DER ALTE MANN: Der Gott, an den keiner mehr glaubt.

BEERDIGUNGSUNTERNEHMER: Und darum weinst du? Rums! Tschuldigung!

GOTT: Weil ich es nicht ändern kann. Sie erschießen sich. Sie hängen sich auf. Sie ersaufen sich. Sie ermorden sich, heute hundert, morgen hunderttausend. Und ich, ich kann es nicht ändern.

BEERDIGUNGSUNTERNEHMER: Finster, finster, Alter. Sehr finster. Aber es glaubt eben keiner mehr an dich, das ist es.

GOTT: Sehr finster. Ich bin der Gott, an den keiner mehr glaubt. Sehr finster. Und ich kann es nicht ändern, meine Kinder, ich kann es nicht ändern. Finster, finster.

BEERDIGUNGSUNTERNEHMER: Rums! Tschuldigung! Wie die Fliegen! Rums! Verflucht!

GOTT: Warum rülpsen Sie denn fortwährend so ekelhaft? Das ist ja entsetzlich!

BEERDIGUNGSUNTERNEHMER: Ja ja, greulich! Ganz greulich. Berufskrankheit. Ich bin Beerdigungsunternehmer.

GOTT: Der Tod? Du hast es gut! Du bist der neue Gott. An dich glauben sie. Dich lieben sie. Dich fürchten sie. Du bist unumstößlich. Dich kann keiner leugnen. Keiner lästern. Ja, du hast es gut. Du bist der neue Gott. An Dir kommt keiner vorbei. Du bist der neue Gott, Tod, aber Du bist fett geworden. Dich hab ich doch ganz anders in Erinnerung. Viel magerer, dürrer, knochiger. Du bist aber rund und fett und gut gelaunt. Der alte Tod sah immer so verhungert aus.

TOD: Na ja, ich habe in diesem Jahrhundert ein bißchen Fett angesetzt. Das Geschäft ging gut. Ein Krieg gibt dem anderen die Hand. Wie die Fliegen! Wie die Fliegen kleben die Toten an den Wänden dieses Jahrhunderts. Wie die Fliegen liegen sie steif und vertrocknet auf der Fensterbank der Zeit.

GOTT: Aber das Rülpsen? Warum dieses gräßliche Rülpsen?

TOD: Überfressen. Glatt überfressen. Das ist alles. Heutzutage kommt man aus dem Rülpsen garnicht heraus. Rums! Tschuldigung!

GOTT: Kinder, Kinder. Und ich kann es nicht ändern! Kinder, meine Kinder! *(Geht ab.)*

TOD: Na, dann gute Nacht, Alter. Geh schlafen. Paß auf, daß du nicht auch noch ins Wasser fällst. Da ist vorhin erst einer reingestiegen. Paß gut auf, Alter. Es ist finster, ganz finster. Rums! Geh nach Haus, Alter. Du änderst es doch nicht. Wein nicht über den, der hier eben Plumps gemacht hat. Der mit dem Soldatenmantel und der Bürstenfrisur. Du weinst dich zu Grunde! Die heute abends am Wasser stehen, das sind nicht mehr Liebespaare und Dichter. Der hier, der war nur einer von denen, die nicht mehr wollen oder nicht mehr mögen. Die einfach nicht mehr können, die steigen dann abends irgendwo still ins Wasser. Plumps. Vorbei. Laß ihn, heul nicht, Alter. Du heulst dich zu Grunde. Das war nur einer von denen, die nicht mehr können, einer von der großen grauen Zahl...... einer....... nur......

DER TRAUM

(In der Elbe. Eintöniges Klatschen kleiner Wellen. Die Elbe. Beckmann.)

BECKMANN: Wo bin ich? Mein Gott, wo bin ich denn hier?

ELBE: Bei mir.

BECKMANN: Bei dir? Und – wer – bist du?

ELBE: Wer soll ich denn sein, du Küken, wenn du in St. Pauli von den Landungsbrücken ins Wasser springst?

BECKMANN: Die Elbe?

ELBE: Ja, die. Die Elbe.

BECKMANN *(staunt)*: Du bist die Elbe!

ELBE: Ah, reißt du deine Kinderaugen auf, wie? Du hast wohl gedacht, ich wäre ein romantisches junges Mädchen mit blaßgrünem Teint? Typ Ophelia mit Wasserrosen im aufgelösten Haar? Du hast am Ende gedacht, du könntest in meinen süßduftenden Lilienarmen die Ewigkeit verbringen. Nee, mein Sohn, das war ein Irrtum von dir. Ich bin weder romantisch noch süßduftend. Ein anständiger Fluß stinkt. Jawohl. Nach Öl und Fisch. Was willst du hier?

BECKMANN: Pennen. Da oben halte ich das nicht mehr aus. Das mache ich nicht mehr mit. Pennen will ich. Tot sein. Mein ganzes Leben lang tot sein. Und pennen. Endlich in Ruhe pennen. Zehntausend Nächte pennen.

ELBE: Du willst auskneifen, du Grünschnabel, was? Du glaubst, du kannst das nicht mehr aushalten? Hm? Da oben, wie? Du bildest dir ein, du hast schon genug mitgemacht, du kleiner Stift. Wie alt bist du denn, du verzagter Anfänger?

BECKMANN: Fünfundzwanzig. Und jetzt will ich pennen.

ELBE: Sieh mal, fünfundzwanzig. Und den Rest verpennen. Fünfundzwanzig und bei Nacht und Nebel ins Wasser steigen, weil man nicht mehr kann. Was kannst du denn nicht mehr, du Greis?

BECKMANN: Alles, alles kann ich nicht mehr da oben. Ich kann nicht mehr hungern. Ich kann nicht mehr humpeln und vor meinem Bett stehen und wieder aus dem Haus raushumpeln, weil das Bett besetzt ist. Das Bein, das Bett, das Brot – ich kann das nicht mehr, verstehst du!

ELBE: Nein. Du Rotznase von einem Selbstmörder. Nein, hörst du! Glaubst du etwa, weil deine Frau nicht mehr mit dir spielen will, weil du hinken mußt und weil dein Bauch knurrt, deswegen kannst du hier bei mir untern Rock kriechen? Einfach so ins Wasser jumpen? Du, wenn alle, die Hunger haben, sich ersaufen wollten, dann würde die gute alte Erde kahl wie die Glatze eines Möbelpackers werden, kahl und blank. Nee, gibt es nicht, mein Junge. Bei mir kommst du mit solchen Ausflüchten nicht durch. Bei mir wirst du abgemeldet. Die Hosen sollte man dir stramm ziehen, Kleiner, jawohl! Auch wenn du sechs Jahre Soldat warst. Alle waren das. Und die hinken alle irgendwo. Such dir ein anderes Bett, wenn deins besetzt ist. Ich will dein armseliges bißchen Leben nicht. Du bist mir zu wenig, mein Junge. Laß dir das von einer alten Frau sagen:

Lebe erstmal. Laß dich treten. Tritt wieder! Wenn du den Kanal voll hast, hier, bis oben, wenn du lahm getrampelt bist und wenn dein Herz auf allen Vieren angekrochen kommt, dann können wir mal wieder über die Sache reden. Aber jetzt machst du keinen Unsinn, klar? Jetzt verschwindest du hier, mein Goldjunge. Deine kleine Handvoll Leben ist mir verdammt zu wenig. Behalte sie. Ich will sie nicht, du gerade eben Angefangener. Halt den Mund, mein kleiner Menschensohn. Ich will dir was sagen, ganz leise, ins Ohr, du, komm her: ich scheiß auf deinen Selbstmord! Du Säugling! Paß gut auf, was ich mit dir mache.

(Laut.) Hallo, Jungens! Werft diesen Kleinen hier bei

Blankenese wieder auf den Sand! Er will es noch mal versuchen, hat er mir eben versprochen. Aber sachte, er sagt, er hat ein schlimmes Bein, der Lausebengel, der grüne!

I. SZENE

(Abend, Blankenese. Man hört den Wind und das Wasser. Beckmann. Der Andere.)

BECKMANN: Wer ist da? Mitten in der Nacht. Hier am Wasser. Hallo! Wer ist denn da?

DER ANDERE: Ich.

BECKMANN: Danke. Und wer ist das: ich?

DER ANDERE: Ich bin der Andere.

BECKMANN: Der Andere? Welcher Andere?

DER ANDERE: Der von gestern. Der von Früher. Der Andere von Immer. Der Jasager. Der Antworter.

BECKMANN: Der von Früher, von Immer? Du bist der Andere von der Schulbank, von der Eisbahn? Der vom Treppenhaus?

DER ANDERE: Der aus dem Schneesturm bei Smolensk. Und der aus dem Bunker bei Gorodok.

BECKMANN: Und der – der von Stalingrad, der Andere, bist du der auch?

DER ANDERE: Der auch. Und auch der von heute abend. Ich bin auch der Andere von morgen.

BECKMANN: Morgen. Morgen gibt es nicht. Morgen ist ohne dich. Hau ab. Du hast kein Gesicht.

DER ANDERE: Du wirst mich nicht los. Ich bin der Andere,

der immer da ist: Morgen. An den Nachmittagen. Im Bett. Nachts.

BECKMANN: Hau ab. Ich hab kein Bett. Ich lieg hier im Dreck.

DER ANDERE: Ich bin auch der vom Dreck. Ich bin immer. Du wirst mich nicht los.

BECKMANN: Du hast kein Gesicht. Geh weg.

DER ANDERE: Du wirst mich nicht los. Ich habe tausend Gesichter. Ich bin die Stimme, die jeder kennt. Ich bin der Andere, der immer da ist. Der andere Mensch, der Antworter. Der lacht, wenn du weinst. Der antreibt, wenn du müde wirst, der Antreiber, der Heimliche, Unbequeme, bin ich. Ich bin der Optimist, der an den Bösen das Gute sieht und die Lampen in der finstersten Finsternis. Ich bin der, der glaubt, der lacht, der liebt! Ich bin der, der weitermarschiert, auch wenn gehumpelt wird. Und der Ja sagt, wenn du nein sagst, der Jasager bin ich. Und der –

BECKMANN: Sag ja soviel wie du willst. Geh weg. Ich will dich nicht. Ich sage nein. Nein, nein. Geh weg. Ich sage nein, hörst du?

DER ANDERE: Ich höre. Deswegen bleibe ich ja hier. Wer bist du denn, du Neinsager?

BECKMANN: Ich heiße Beckmann.

DER ANDERE: Vornamen hast du wohl nicht, Neinsager?

BECKMANN: Nein. Seit gestern. Seit gestern heiße ich nur noch Beckmann. Einfach Beckmann. So wie der Tisch Tisch heißt.

DER ANDERE: Wer sagt Tisch zu dir?

BECKMANN: Meine Frau. Nein, die, die meine Frau war. Ich war nämlich drei Jahre lang weg. In Rußland. Und gestern kam ich wieder nach Hause. Das war das Unglück. Drei Jahre sind viel, weißt du. Beckmann – sagte meine Frau zu mir. Einfach Beckmann. Und dabei war man drei Jahre weg. Beckmann sagte sie, wie man zu einem Tisch Tisch sagt. Möbelstück Beckmann. Stell es weg, das Möbelstück Beckmann. Siehst du, deswegen habe ich keinen Vornamen mehr, verstehst du.

DER ANDERE: Und warum liegst du hier nun im Sand? Mitten in der Nacht? Hier am Wasser?

BECKMANN: Weil ich nicht hochkomme. Ich hab mir nämlich ein steifes Bein mitgebracht. So als Andenken. Solche Andenken sind gut, weißt du, sonst vergißt man den Krieg so schnell. Und das wollte ich doch nicht. Dazu war das alles doch zu schön, Kinder, war das schön, was?

DER ANDERE: Und deswegen liegst du hier abends am Wasser?

BECKMANN: Ich bin gefallen.

DER ANDERE: Ach. Gefallen. Ins Wasser?

BECKMANN: Nein, nein! Nein, du! Hörst du, ich wollte mich reinfallen lassen. Mit Absicht. Ich konnte es nicht mehr aushalten. Dieses Gehumpel und Gehinke. Und dann die Sache mit der Frau, die meine Frau war. Sagt einfach nur Beckmann zu mir, so wie man zu Tisch Tisch sagt. Und der andere, der bei ihr war, der hat gegrinst. Und dann dieses Trümmerfeld. Dieser Schuttacker hier zu Hause. Hier in Hamburg. Und irgendwo da unter liegt mein Junge. Ein bißchen Mutt und Mörtel und Matsch. Menschenmutt, Knochenmörtel. Er war gerade ein Jahr alt und ich hatte ihn noch nicht gesehen. Aber jetzt sehe ich ihn jede Nacht. Unter den zehntausend

Steinen. Schutt, weiter nichts als ein bißchen Schutt. Das konnte ich nicht aushalten, dachte ich. Und da wollte ich mich fallen lassen. Wäre ganz leicht, dachte ich! Vom Ponton runter. Plumps. Aus. Vorbei.

DER ANDERE: Plumps? Aus? Vorbei? Du hast geträumt. Du liegst doch hier auf dem Sand.

BECKMANN: Geträumt? Ja. Vor Hunger geträumt. Ich habe geträumt, sie hätte mich wieder ausgespuckt, die Elbe, diese alte .... Sie wollte mich nicht. Ich sollte es noch mal versuchen, meinte sie. Ich hätte kein Recht dazu, ich sei zu grün, sagte sie. Sie sagte, sie scheißt auf mein bißchen Leben. Das hat sie mir ins Ohr gesagt, daß sie scheißt auf meinen Selbstmord. Scheißt hat sie gesagt, diese verdammte – und gekeift hat sie wie eine Alte vom Fischmarkt. Das Leben ist schön, hat sie gemeint, und ich liege hier mit nassen Klamotten am Strand von Blankenese und mir ist kalt. Immer ist mir kalt. In Rußland war mir lange genug kalt. Ich habe es satt, das ewige Frieren. Und diese Elbe, diese verdammte alte – ja, das hab ich vor Hunger geträumt.

Was ist da?

DER ANDERE: Kommt einer. Ein Mädchen oder sowas. Da. Da hast du sie schon.

MÄDCHEN: Ist da jemand? Da hat doch eben jemand gesprochen. Hallo, ist da jemand?

BECKMANN: Ja, hier liegt einer. Hier. Hier unten am Wasser.

MÄDCHEN: Was machen Sie da? Warum stehen Sie denn nicht auf?

BECKMANN: Ich liege hier, das sehen Sie doch. Halb an Land und halb im Wasser.

MÄDCHEN: Aber warum denn? Stehen Sie doch auf. Ich dachte erst, da läge ein Toter, als ich den dunklen Haufen hier am Wasser sah.

BECKMANN: O ja, ein ganz dunkler Haufen ist das, das kann ich Ihnen sagen.

MÄDCHEN: Sie reden aber sehr komisch, finde ich. Hier liegen nämlich jetzt oft Tote abends am Wasser. Die sind manchmal ganz dick und glitschig. Und so weiß wie Gespenster. Deswegen war ich so erschrocken. Aber Gottseidank, Sie sind ja noch lebendig. Aber Sie müssen ja durch und durch naß sein.

BECKMANN: Bin ich auch. Naß und kalt wie eine richtige Leiche.

MÄDCHEN: Dann stehen Sie doch endlich auf. Oder haben Sie sich verletzt?

BECKMANN: Das auch. Mir haben sie die Kniescheibe gestohlen. In Rußland. Und nun muß ich mit einem steifen Bein durch das Leben hinken. Und ich denke immer, es geht rückwärts statt vorwärts. Von Hochkommen kann garkeine Rede sein.

MÄDCHEN: Dann kommen Sie doch. Ich helfe Ihnen. Sonst werden Sie ja langsam zum Fisch.

BECKMANN: Wenn Sie meinen, daß es nicht wieder rückwärts geht, dann können wir es ja mal versuchen. So, Danke.

MÄDCHEN: Sehen Sie, jetzt geht es sogar aufwärts. Aber Sie sind ja naß und eiskalt. Wenn ich nicht vorbeigekommen wäre, wären Sie sicher bald ein Fisch geworden. Stumm sind Sie ja auch beinahe. Darf ich Ihnen etwas sagen? Ich wohne hier gleich. Und ich habe trockenes Zeug im Hause. Kommen Sie mit? Ja? Oder sind Sie zu stolz, sich von mir trockenlegen zu lassen? Sie halber Fisch. Sie stummer nasser Fisch, Sie?!

BECKMANN: Sie wollen mich mitnehmen?

MÄDCHEN: Ja, wenn Sie wollen. Aber nur, weil Sie naß sind. Hoffentlich sind Sie sehr häßlich und bescheiden, damit ich es nicht bereuen muß, daß ich Sie mitnehme. Ich nehme Sie nur mit, weil Sie so naß und kalt sind, verstanden! Und weil –

BECKMANN: Weil? Was für ein Weil? Nein, nur weil ich naß und kalt bin. Sonst gibt es kein Weil.

MÄDCHEN: Doch. Gibt es doch. Weil Sie so eine hoffnungslos traurige Stimme haben. So grau und vollkommen trostlos.

Ach, Unsinn ist das, wie? Kommen Sie, Sie alter stummer nasser Fisch.

BECKMANN: Halt! Sie laufen mir ja weg. Mein Bein kommt nicht mit. Langsam.

MÄDCHEN: Ach ja. Also: dann langsam. Wie zwei uralte steinalte naßkalte Fische.

DER ANDERE: Weg sind sie. So sind sie, die Zweibeiner, ganz sonderbare Leute sind das hier auf der Welt. Erst lassen sie sich ins Wasser fallen und sind ganz wild auf das Sterben versessen. Aber dann kommt zufällig so ein anderer Zweibeiner im Dunkeln vorbei, so einer mit Rock, mit einem Busen und langen Locken. Und dann ist das Leben plötzlich wieder ganz herrlich und süß. Dann will kein Mensch mehr sterben. Dann wollen sie nie tot sein. Wegen so ein paar Locken, wegen so einer weißen Haut und ein bißchen Frauengeruch. Dann stehen sie wieder vom Sterbebett auf und sind gesund wie zehntausend Hirsche im Februar. Dann werden selbst die halben Wasserleichen noch wieder lebendig, die es eigentlich doch überhaupt nicht mehr aushalten konnten auf dieser verdammten öden elenden Erdkugel. Die Wasserleichen werden wieder mobil – alles wegen so ein Paar Augen, wegen so einem bißchen weichen warmen Mitleid und so kleinen Händen und wegen einem schlanken Hals. Sogar die Wasserleichen, diese zweibeinigen, diese ganz sonderbaren Leute hier auf der Welt – –

II. SZENE

(Ein Zimmer. Abends. Eine Tür kreischt und schlägt zu. Beckmann. Das Mädchen).

MÄDCHEN: So, nun will ich mir erstmal den geangelten Fisch unter der Lampe ansehen. Nanu – *(sie lacht)* aber sagen Sie um Himmelswillen, was soll denn dies hier sein!

BECKMANN: Das? Das ist meine Brille. Ja. Sie lachen. Das ist meine Brille. Leider.

MÄDCHEN: Das nennen Sie Brille? Ich glaube, Sie sind mit Absicht komisch.

BECKMANN: Ja, meine Brille. Sie haben recht; vielleicht sieht sie ein bißchen komisch aus. Mit diesen grauen Blechrändern um das Glas. Und dann diese grauen Bänder, die man um die Ohren machen muß. Und dieses graue Band quer über die Nase! Man kriegt so ein graues Uniformgesicht davon. So ein blechernes Robotergesicht. So ein Gasmaskengesicht. Aber es ist ja auch eine Gasmaskenbrille.

MÄDCHEN: Gasmaskenbrille?

BECKMANN: Gasmaskenbrille. Die gab es für die Soldaten, die eine Brille trugen. Damit sie auch unter der Gasmaske was sehen konnten.

MÄDCHEN: Aber warum laufen Sie denn jetzt noch damit herum? Haben Sie denn keine richtige?

BECKMANN: Nein. Gehabt, ja. Aber die ist mir kaputt geschossen. Nein, schön ist sie nicht. Aber ich bin froh, daß ich wenigstens diese habe. Sie ist außerordentlich häßlich, das weiß ich. Und das macht mich manchmal auch unsicher, wenn die Leute mich auslachen. Aber letztenendes ist das ja egal. Ich kann sie nicht entbehren. Ohne Brille bin ich rettungslos verloren. Wirklich, vollkommen hilflos.

MÄDCHEN *(fröhlich, nicht hart):* Ja? Ohne sind Sie vollkommen hilflos? Dann geben Sie das abscheuliche Gebilde mal schnell her. Da – was sagen Sie nun! Nein, die bekommen Sie erst wieder, wenn Sie gehen. Außerdem ist es beruhigender für mich, wenn ich weiß, daß Sie so vollkommen hilflos sind. Viel beruhigender. Ohne Brille sehen Sie auch gleich ganz anders aus. Ich glaube, Sie machen nur so einen trostlosen Eindruck, weil Sie immer durch diese grauenhafte Gasmaskenbrille sehen müssen.

BECKMANN: Jetzt sehe ich alles nur noch ganz verschwommen. Geben Sie sie wieder raus. Ich sehe ja nichts mehr. Sie selbst sind mit einmal ganz weit weg. Ganz undeutlich.

MÄDCHEN: Wunderbar. Das ist mir gerade recht. Und Ihnen bekommt das auch besser. Mit der Brille sehen Sie ja aus wie ein Gespenst.

BECKMANN: Vielleicht bin ich auch ein Gespenst. Eins von gestern, das heute keiner mehr sehen will. Ein Gespenst aus dem Krieg, für den Frieden provisorisch repariert.

MÄDCHEN *(sehr herzlich und warm)*: Und was für ein griesgrämiges graues Gespenst! Ich glaube, Sie tragen innerlich auch so eine Gasmaskenbrille, Sie behelfsmäßiger Fisch. Lassen Sie mir die Brille. Es ist ganz gut, wenn Sie mal einen Abend alles ein bißchen verschwommen sehen. Passen Ihnen denn wenigstens die Hosen? Na, es geht gerade. Da, nehmen Sie mal die Jacke.

BECKMANN: Oha! Erst ziehn Sie mich aus dem Wasser und nun lassen Sie mich gleich wieder ersaufen. Das ist ja eine Jacke für einen Athleten. Welchem Riesen haben Sie die denn gestohlen?

MÄDCHEN: Der Riese ist mein Mann. War mein Mann.

BECKMANN: Ihr Mann?

MÄDCHEN: Ja. Dachten Sie, ich handle mit Männerkleidung?

BECKMANN: Wo ist er? Ihr Mann?

MÄDCHEN *(bitter, leise)*: Verhungert, erfroren, liegen geblieben – was weiß ich. Seit Stalingrad ist er vermißt. Das war vor drei Jahren.

BECKMANN *(starr)*: In Stalingrad? In Stalingrad, ja. Ja, in Stalingrad, da ist mancher liegengeblieben. Aber einige kommen auch wieder. Und die ziehen dann das Zeug an von denen, die nicht wiederkommen. Der Mann, der Ihr Mann war, der der Riese war, dem dieses Zeug gehört, der ist liegengeblieben. Und ich, ich komme nun her und ziehe sein Zeug an. Das ist schön, nicht wahr. Ist das nicht schön? Und seine Jacke ist so riesig, daß ich fast darin ersaufe. *(Hastig.)* Ich muß sie wieder ausziehen.

Doch. Ich muß wieder mein nasses Zeug anziehen. Ich komme um in dieser Jacke. Sie erwürgt mich, diese Jacke. Ich bin ja ein Witz in dieser Jacke. Ein grauenhafter gemeiner Witz, den der Krieg gemacht hat. Ich will die Jacke nicht mehr anhaben.

MÄDCHEN *(warm, verzweifelt)*: Sei still, du Fisch. Behalte sie an, bitte. Du gefällst mir so, Fisch. Trotz deiner komischen Frisur. Die hast du wohl auch aus Rußland mitgebracht, ja? Mit der Brille und dem Bein noch diese kurzen kleinen Borsten. Siehst du, das hab ich mir gedacht. Du mußt nicht denken, daß ich über dich lache, Fisch. Nein Fisch, das tu ich nicht. Du siehst so wunderbar traurig aus, du armes graues Gespenst: in der weiten Jacke, mit dem Haar und dem steifen Bein. Laß man, Fisch, laß man. Ich finde das nicht zum Lachen. Nein, Fisch, du siehst wunderbar traurig aus. Ich könnte heulen, wenn du mich ansiehst mit deinen trostlosen Augen. Du sagst garnichts. Sag was, Fisch, bitte. Sag irgendwas. Es braucht keinen Sinn zu haben, aber sag was. Sag was, Fisch, es ist doch so entsetzlich still in der Welt. Sag was, dann ist man nicht so allein. Bitte, mach deinen Mund auf, Fischmensch. Bleib doch da nicht den ganzen Abend stehen. Komm. Setz dich. Hier, neben mich. Nicht so weit ab, Fisch. Du kannst ruhig näher rankommen, du siehst mich ja doch nur verschwommen. Komm doch, mach meinetwegen die Augen zu. Komm und sag was, damit etwas da ist. Fühlst du nicht, wie grauenhaft still es ist?

BECKMANN *(verwirrt)*: Ich sehe dich gerne an. Dich, ja. Aber ich habe bei jedem Schritt Angst, daß es rückwärts geht. Du, das habe ich.

MÄDCHEN: Ach du. Vorwärts, rückwärts. Oben, unten. Morgen liegen wir vielleicht schon weiß und dick im Wasser. Mausestill und kalt. Aber heute sind wir doch noch warm. Heute abend noch mal, du. Fisch, sag was, Fisch. Heute abend schwimmst du mir nicht mehr weg, du. Sei still. Ich glaube dir kein Wort. Aber die Tür, die Tür will ich doch lieber abschließen.

BECKMANN: Laß das. Ich bin kein Fisch und du brauchst die Tür nicht abzuschließen. Nein, du, ich bin weißgott kein Fisch.

MÄDCHEN *(innig)*: Fisch! Fisch, du! Du graues repariertes Gespenst.

BECKMANN *(ganz abwesend)*: Mich bedrückt das. Ich ersaufe. Mich erwürgt das. Das kommt, weil ich so schlecht sehe. Das ist ganz und gar nebelig. Aber es erwürgt mich.

MÄDCHEN *(ängstlich)*: Was hast du? Du, was hast du denn? Du?!

BECKMANN *(mit wachsender Angst)*: Ich werde jetzt ganz sachte sachte verrückt. Gib mir meine Brille. Schnell. Das kommt alles nur, weil es so nebelig vor meinen Augen ist. Da! Ich habe das Gefühl, daß hinter Deinem Rücken ein Mann steht. Die ganze Zeit schon. Ein großer Mann. So eine Art Athlet. Ein Riese, weißt du. Aber das kommt nur, weil ich meine Brille nicht habe, denn der Riese hat nur ein Bein. Er kommt immer näher, der Riese, mit einem Bein und zwei Krücken. Hörst du – tock tock. Teck tock. So machen die Krücken. Jetzt steht er hinter dir. Fühlst du sein Luftholen im Nacken. Gib mir die Brille, ich will ihn nicht mehr sehen! Da, jetzt steht er ganz dicht hinter dir.

MÄDCHEN *(schreit auf und stürzt davon. Eine Tür kreischt*

und schlägt zu. Dann hört man ganz laut das »teck tock« der Krücken.)

BECKMANN *(flüstert)*: Der Riese!

DER EINBEINIGE *(monoton)*: Was tust du hier. Du? In meinem Zeug? Auf meinem Platz? Bei meiner Frau?

BECKMANN *(wie gelähmt)*: Dein Zeug. Dein Platz. Deine Frau.

DER EINBEINIGE *(immer ganz monoton und apathisch)*: Und du, was du hier tust?

BECKMANN *(stockend, leise)*: Das habe ich gestern nacht auch den Mann gefragt, der bei meiner Frau war. In meinem Hemd war. In meinem Bett. Was tust du hier, du? hab ich gefragt. Da hat er die Schultern hochgehoben und wieder fallen lassen und hat gesagt: Ja, was tu ich hier. Das hat er geantwortet. Da habe ich die Schlafzimmertür wieder zugemacht, nein, erst noch das Licht wieder ausgemacht. Und dann stand ich draußen.

EINBEINIGER: Komm mit deinem Gesicht unter die Lampe. Ganz nah. *(Dumpf.)* Beckmann!

BECKMANN: Ja. ich. Beckmann. Ich dachte, du würdest mich nicht mehr kennen.

EINBEINIGER *(leise, aber mit ungeheurem Vorwurf)*: Beckmann ... Beckmann .... Beckmann!!!

BECKMANN *(gefoltert)*: Hör auf, du. Sag den Namen nicht! Ich will diesen Namen nicht mehr haben! Hör auf, du!

EINBEINIGER *(leiert)*: Beckmann. Beckmann.

BECKMANN *(schreit auf)*: Das bin ich nicht! Das will ich nicht mehr sein. Ich will nicht mehr Beckmann sein.
(Er läuft hinaus. Eine Tür kreischt und schlägt zu. Dann hört man den Wind und einen Menschen durch die stillen Straßen laufen.)

DER ANDERE: Halt, Beckmann!

BECKMANN: Wer ist da?

DER ANDERE: Ich. Der Andere.

BECKMANN: Bist du schon wieder da?

DER ANDERE: Immer noch, Beckmann. Immer, Beckmann.

BECKMANN: Was willst du? Laß mich vorbei.

DER ANDERE: Nein, Beckmann. Dieser Weg geht an die Elbe. Komm, die Straße ist hier oben.

BECKMANN: Laß mich vorbei. Ich will zur Elbe.

DER ANDERE: Nein, Beckmann. Komm. Du willst diese Straße hier weitergehen.

BECKMANN: Die Straße weitergehen! Leben soll ich? Ich soll weitergehen? Ich soll weiterleben? Soll essen, schlafen, alles?

DER ANDERE: Komm, Beckmann.

BECKMANN *(mehr apathisch als erregt)*: Sag diesen Namen nicht. Ich will nicht mehr Beckmann sein. Ich habe keinen Namen mehr. Ich soll weiterleben, wo es einen Menschen gibt, wo es einen Mann mit einem Bein gibt, der meinetwegen nur das eine Bein hat? Der nur ein Bein hat, weil es einen Unteroffizier Beckmann gegeben hat, der gesagt hat: Obergefreiter Bauer, Sie halten Ihren Posten unbedingt bis zuletzt. Ich soll weiterleben, wo es diesen Einbeinigen gibt, der immer Beckmann sagt? Unablässig Beckmann! Andauernd Beckmann! Und er sagt das, als ob er Grab sagt. Als ob er Mord sagt oder Hund sagt. Der meinen Namen sagt wie: Weltuntergang! Dumpf, drohend, verzweifelt. Und du sagst, ich soll weiterleben? Ich stehe draußen, wieder draußen. Gestern abend stand ich draußen. Heute steh ich draußen. Immer steh ich draußen. Und die Türen sind zu. Und dabei bin ich ein Mensch mit Beinen, die schwer und müde sind. Mit einem Bauch, der vor Hunger bellt. Mit einem Blut, das friert hier draußen in der Nacht. Und der Einbeinige sagt immerzu meinen Namen. Und nachts kann ich nicht mal mehr pennen. Wo soll ich denn hin, Mensch? Laß mich vorbei!

DER ANDERE: Komm, Beckmann. Wir wollen die Straße weitergehen. Wir wollen einen Mann besuchen. Und dem gibst du sie zurück.

BECKMANN: Was?

DER ANDERE: Die Verantwortung.

BECKMANN: Wir wollen einen Mann besuchen? Ja. Das wollen wir und die Verantwortung, die gebe ich ihm zurück. Ja, du, das wollen wir. Ich will eine Nacht pennen ohne Einbeinige. Ich gebe sie ihm zurück. Ja! Ich bringe ihm die Verantwortung zurück. Ich gebe ihm die Toten zurück. Ihm! Ja, komm, wir wollen einen Mann besuchen, der wohnt in einem warmen Haus. In dieser Stadt, in jeder Stadt. Wir wollen einen Mann besuchen, wir wollen ihm etwas schenken – einem lieben guten braven Mann, der sein ganzes Leben nur seine Pflicht getan, und immer nur die Pflicht! Aber es war eine grausame Pflicht. Eine verfluchte – fluchte – fluchte – fluchte Pflicht! Komm! Komm!

III. SZENE

(Eine Stube. Abend. Eine Tür kreischt und schlägt zu. Der Oberst und seine Familie. Beckmann.)

BECKMANN: Guten Appetit, Herr Oberst.

DER OBERST *(kaut)*: Wie bitte?

BECKMANN: Guten Appetit, Herr Oberst.

OBERST: Sie stören uns beim Abendessen! Ist Ihre Angelegenheit so wichtig?

BECKMANN: Nein. Ich wollte nur feststellen, ob ich mich heute nacht ersaufe oder am Leben bleibe. Und wenn ich am Leben bleibe, dann weiß ich noch nicht, wie. Und dann möchte ich am Tage manchmal vielleicht etwas essen. Und nachts, nachts möchte ich schlafen. Weiter nichts.

OBERST: Na na na! Reden Sie mal nicht so unmännliches Zeug. Waren doch Soldat, wie?

BECKMANN: Nein, Herr Oberst.

SCHWIEGERSOHN: Wieso nein? Sie haben doch Uniform an.

BECKMANN *(eintönig)*: Ja. Sechs Jahre. Aber ich dachte immer, wenn ich zehn Jahre lang die Uniform eines Briefträgers anhabe, deswegen bin ich noch lange kein Briefträger.

TOCHTER: Pappi, frag ihn doch mal, was er eigentlich will. Er guckt fortwährend auf meinen Teller.

BECKMANN: Ihre Fenster sehen von draußen so warm aus. Ich wollte mal wieder merken, wie das ist, durch solche Fenster zu sehen. Von innen aber, von innen. Wissen Sie, wie das ist, wenn nachts so helle warme Fenster da sind und man steht draußen?

MUTTER *(nicht gehässig, aber voll Grauen)*: Vater, sag ihm doch, er soll diese Brille abnehmen. Mich friert, wenn ich das sehe.

OBERST: Das ist eine sogenannte Gasmaskenbrille, meine Liebe. Wurde bei der Wehrmacht 1934 als Brille unter der Gasmaske für augenbehinderte Soldaten eingeführt. Warum werfen Sie den Zimt nicht weg? Der Krieg ist aus.

BECKMANN: Ja, ja. Der ist aus. Das sagen sie alle. Aber die Brille brauche ich noch. Ich bin kurzsichtig, ich sehe ohne Brille alles verschwommen. Aber so kann ich alles erkennen. Ich sehe ganz genau von hier, was Sie auf dem Tisch haben.

OBERST *(unterbricht)*: Sagen Sie mal, was haben Sie für eine merkwürdige Frisur? Haben Sie gesessen? Was ausgefressen, wie? Na, raus mit der Sprache, sind irgendwo eingestiegen, was? Und geschnappt, was?

BECKMANN: Jawohl, Herr Oberst. Bin irgendwo mit eingestiegen. In Stalingrad, Herr Oberst. Aber die Tour ging schief und sie haben uns gegriffen. Drei Jahre haben wir gekriegt, alle hunderttausend Mann. Und unser Häuptling zog sich Zivil an und aß Kaviar. Drei Jahre Kaviar. Und die andern lagen unterm Schnee und hatten Steppensand im Mund. Und wir löffelten heißes Wasser. Aber der Chef mußte Kaviar essen. Drei Jahre lang. Und uns haben sie die Köpfe abrasiert. Bis zum Hals – oder bis zu den Haaren, das kam nicht so genau darauf an. Die Kopfamputierten waren noch die Glücklichsten. Die brauchten wenigstens nicht ewig Kaviar zu löffeln.

SCHWIEGERSOHN *(aufgebracht)*: Wie findest du das, Schwiegervater? Na, wie findest du das?

OBERST: Lieber junger Freund, Sie stellen die ganze Sache doch wohl reichlich verzerrt dar. Wir sind doch Deutsche. Wir wollen doch lieber bei unserer guten deutschen Wahrheit bleiben. Wer die Wahrheit hochhält, der marschiert immer noch am besten, sagt Clausewitz.

BECKMANN: Jawoll, Herr Oberst. Schön ist das, Herr Oberst. Ich mache mit mit der Wahrheit. Wir essen uns schön satt, Herr Oberst, richtig satt, Herr Oberst. Wir ziehen uns ein neues Hemd an und einen Anzug mit Knöpfen und ohne Löcher. Und dann machen wir den Ofen an, Herr Oberst, denn wir haben ja einen Ofen, Herr Oberst, und setzen den Teekessel auf für einen kleinen Grog. Und dann ziehen wir die Jalousien runter und lassen uns in einen Sessel fallen, denn einen Sessel haben wir ja. Wir riechen das feine Parfum unserer Gattin und kein Blut, nicht wahr, Herr Oberst, kein Blut und wir freuen uns auf das saubere Bett, das haben wir ja, wir Beide, Herr Oberst, das im Schlafzimmer schon auf uns wartet, weich, weiß und warm. Und dann halten wir die Wahrheit hoch, Herr Oberst, unsere gute deutsche Wahrheit.

TOCHTER: Er ist verrückt.

SCHWIEGERSOHN: Achwo, betrunken.

MUTTER: Vater, beende das. Mich friert von dem Menschen.

OBERST *(ohne Schärfe)*: Ich habe aber doch stark den Eindruck, daß Sie einer von denen sind, denen das bißchen Krieg die Begriffe und den Verstand verwirrt hat. Warum sind Sie nicht Offizier geworden? Sie hätten zu ganz anderen Kreisen Eingang gehabt. Hätten ne anständige Frau gehabt und dann hätten Sie jetzt auch 'n anständiges Haus. Wärn ja ein ganz anderer Mensch. Warum sind Sie kein Offizier geworden?

BECKMANN: Meine Stimme war zu leise, Herr Oberst, meine Stimme war zu leise.

OBERST: Sehen Sie, Sie sind zu leise. Mal ehrlich, einer von denen, die ein bißchen müde sind, ein bißchen weich, wie?

BECKMANN: Jawohl, Herr Oberst. So ist das. Ein bißchen leise. Ein bißchen weich. Und müde, Herr Oberst, müde, müde, müde! Ich kann nämlich nicht schlafen, Herr Oberst, keine Nacht, Herr Oberst. Und deswegen komme ich her, darum komme ich zu Ihnen, Herr Oberst, denn ich weiß, Sie können mir helfen. Ich will endlich mal wieder pennen. Mehr will ich ja garnicht. Nur pennen. Tief tief pennen.

MUTTER: Vater, bleib bei uns. Ich habe Angst. Ich friere von diesem Menschen.

TOCHTER: Unsinn, Mutter. Das ist einer von denen, die mit einem kleinen Knacks nach Hause kommen. Die tun nichts.

SCHWIEGERSOHN: Ich finde ihn ziemlich arrogant, den Herrn.

OBERST *(überlegen)*: Laßt mich nur machen, Kinder, ich kenne diese Typen von der Truppe.

MUTTER: Mein Gott, der schläft ja im Stehen.

OBERST *(fast väterlich)*: Müssen ein bißchen hart angefaßt werden, das ist alles. Laßt mich, ich mache das schon.

BECKMANN *(ganz weit weg)*: Herr Oberst?

OBERST: Also, was wollen Sie nun?

BECKMANN: Herr Oberst?

OBERST: Ich höre, ich höre.

BECKMANN *(schlaftrunken, traumhaft)*: Hören Sie, Herr Oberst? Dann ist gut. Wenn Sie hören, Herr Oberst. Ich will Ihnen nämlich meinen Traum erzählen, Herr Oberst. Den Traum träume ich jede Nacht. Und dann wache ich auf, weil jemand so grauenhaft schreit. Und wissen Sie, wer das ist, der da schreit? Ich selbst, Herr Oberst, ich selbst. Ulkig, nicht, Herr Oberst? Und dann kann ich nicht wieder einschlafen. Keine Nacht, Herr Oberst. Denken Sie mal, Herr Oberst, jede Nacht wach liegen. Deswegen bin ich müde, Herr Oberst, ganz furchtbar müde.

MUTTER: Vater, bleib bei uns. Mich friert.

OBERST *(interessiert)*: Und von Ihrem Traum wachen Sie auf, sagen Sie?

BECKMANN: Nein, von meinem Schrei. Nicht von dem Traum. Von dem Schrei.

OBERST: Aber der Traum, der veranlaßt Sie zu diesem Schrei, ja?

BECKMANN: Denken Sie mal an, ja. Er veranlaßt mich. Der Traum ist nämlich ganz seltsam, müssen Sie wissen. Ich will ihn mal erzählen. Sie hören doch, Herr Oberst, ja? Da steht ein Mann und spielt Xylophon. Er spielt einen rasenden Rhythmus. Und dabei schwitzt er, der Mann, denn er ist außergewöhnlich fett. Und er spielt auf einem Riesenxylophon. Und weil es so groß ist, muß er bei jedem Schlag vor dem Xylophon hin und hersausen. Und dabei schwitzt er, denn er ist tatsächlich sehr fett. Aber er schwitzt garkeinen Schweiß, das ist das Sonderbare. Er schwitzt Blut, dampfendes dunkles Blut. Und das Blut läuft in zwei breiten roten Streifen an seiner Hose runter, daß er von weitem aussieht wie ein General. Wie ein General! Ein fetter blutiger General. Es muß ein alter schlachtenerprobter General sein, denn er hat beide Arme verloren. Ja, er spielt mit langen dünnen Prothesen, die wie Handgranatenstiele aussehen, hölzern und mit einem Metallring. Es muß ein ganz fremdartiger Musiker sein, der General, denn die Hölzer seines riesigen Xylophons sind garnicht aus Holz. Nein, glauben Sie mir, Herr Oberst, glauben Sie mir, sie sind aus Knochen. Glauben Sie mir das, Herr Oberst, aus Knochen!

OBERST *(leise)*: Ja, ich glaube. Aus Knochen.

BECKMANN: Ja, nicht aus Holz, aus Knochen. Wunderbare weiße Knochen. Schädeldecken hat er da, Schulterblätter, Beckenknochen. Und für die höheren Töne Armknochen und Beinknochen. Dann kommen die Rippen – viele tausend Rippen. Und zum Schluß, ganz am Ende des Xylophons, wo die ganz hohen Töne liegen, da sind Fingerknöchelchen, Zehen, Zähne, ja, als Letztes kommen die Zähne. Das ist das Xylophon, auf dem der fette Mann mit den Generalstreifen spielt. Ist das nicht ein komischer Musiker, dieser General?

OBERST *(unsicher)*: Ja, sehr komisch. Sehr sehr komisch!

BECKMANN: Ja, und nun geht es erst los. Nun fängt der Traum erst an. Also der General steht vor dem Riesenxylophon aus Menschenknochen und trommelt mit seinen Prothesen einen Marsch. Preußens Gloria oder den Badenweiler. Aber meistens spielt er den Einzug der Gladiatoren und die Alten Kameraden. Meistens spielt er die. Die kennen Sie doch, Herr Oberst, die alten Kameraden? *(Summt.)*

OBERST: Ja, ja, natürlich. *(Summt ebenfalls.)*

BECKMANN: Und dann kommen sie. Dann ziehen sie ein, die Gladiatoren, die alten Kameraden. Dann stehen sie auf aus den Massengräbern und ihr blutiges Gestöhn stinkt bis an den weißen Mond. Und davon sind die Nächte so. So bitter wie Katzengescheiß. So rot, so rot wie Himbeerlimonade auf einem weißen Hemd. Dann sind die Nächte so, daß wir nicht atmen können. Daß wir ersticken, wenn wir keinen Mund zum Küssen und keinen Schnaps zu trinken haben. Bis an den Mond, den weißen Mond, stinkt dann das blutige Gestöhn, Herr Oberst, wenn die Toten kommen, die limonadenfleckigen Toten.

TOCHTER: Hört ihr, daß er verrückt ist? Der Mond soll weiß sein, sagt er! Weiß! Der Mond!

OBERST *(nüchtern)*: Unsinn! Der Mond ist selbstverständlich gelb wie immer. Wie'n Honigbrot! Wie'n Eierkuchen. War immer gelb der Mond.

BECKMANN: Oh, nein, Herr Oberst, oh nein! In diesen Nächten, wo die Toten kommen, da ist er weiß und krank. Da ist er wie der Bauch eines schwangeren Mädchens, das sich im Bach ertränkte. So weiß, so krank, so rund. Nein, Herr Oberst, der Mond ist weiß in diesen Nächten, wo die Toten kommen, und ihr blutiges Gestöhn stinkt scharf wie Katzendreck bis in den weißen kranken runden Mond. Blut. Blut. Dann stehen sie auf aus den Massengräbern mit verrotteten Verbänden und blutigen Uniformen. Dann tauchen sie auf aus den Ozeanen, aus den Steppen und Straßen, aus den Wäldern kommen sie, aus Ruinen und Mooren, schwarzgefroren, grün, verwest. Aus der Steppe stehen sie auf, einäugig, zahnlos, einarmig, beinlos, mit zerfetzten Gedärmen, ohne Schädeldecken, ohne Hände, durchlöchert, stinkend, blind. Eine furchtbare Flut kommen sie angeschwemmt, unübersehbar an Zahl, unübersehbar an Qual! Das furchtbare unübersehbare Meer der Toten tritt über die Ufer seiner Gräber und wälzt sich breit, breiig, bresthaft und blutig über die Welt. Und dann sagt der General mit den Blutstreifen zu mir: Unteroffizier Beckmann, Sie übernehmen die Verantwortung. Lassen Sie abzählen.

Und dann stehe ich da vor den Millionen hohlgrinsender Skelette, vor den Fragmenten, den Knochentrümmern, mit meiner Verantwortung und lasse abzählen. Aber die Brüder zählen nicht. Sie schlenkern furchtbar mit den Kiefern, aber sie zählen nicht. Der General befiehlt fünfzig Kniebeugen. Die mürben Knochen knistern, die Lungen piepen, aber sie zählen nicht! Ist das nicht Meuterei, Herr Oberst? Offene Meuterei?

OBERST *(flüstert)*: Ja, offene Meuterei!

BECKMANN: Sie zählen auf Deubelkommalraus nicht. Aber sie rotten sich zusammen, die Verrotteten und bilden Sprechchöre. Donnernde drohende dumpfe Sprechchöre. Und wissen Sie, was sie brüllen? Herr Oberst?

OBERST *(flüstert)*: Nein.

BECKMANN: Beckmann brüllen sie. Unteroffizier Beckmann. Immerzu Unteroffizier Beckmann. Und das Brüllen wächst. Und das Brüllen rollt heran, tierisch wie ein Gott schreit, fremd, kalt, riesig. Und das Brüllen wächst und rollt und wächst und rollt!

Und das Brüllen wird dann so groß, so erwürgend groß, daß ich keine Luft mehr kriege. Und dann schreie ich, dann schreie ich los in der Nacht. Dann muß ich schreien, so furchtbar furchtbar schreien. Und davon werde ich dann immer wach. Jede Nacht. Jede Nacht das Konzert auf dem Knochenxylophon und jede Nacht die Sprechchöre, und jede Nacht der furchtbare Schrei. Und dann kann ich nicht wieder einschlafen, weil ich doch die Verantwortung hatte. Ich hatte doch die Verantwortung. Ja, ich hatte die Verantwortung. Und deswegen komme ich nun zu Ihnen, Herr Oberst, denn ich will endlich mal wieder schlafen. Ich will einmal wieder schlafen. Deswegen komme ich zu Ihnen, weil ich schlafen will, endlich mal wieder schlafen.

OBERST: Was wollen Sie denn von mir?

BECKMANN: Ich bringe sie Ihnen zurück.

OBERST: Wen?

BECKMANN: Die Verantwortung. Ich bringe Ihnen die Verantwortung zurück. Haben Sie das ganz vergessen, Herr Oberst? Den 14. Februar? Bei Gorodok. Es waren 42 Grad Kälte. Da kamen Sie doch in unsere Stellung, Herr Oberst, und sagten: Unteroffizier Beckmann. Hier, habe ich geschrien. Dann sagten Sie, und Ihr Atem blieb an Ihrem Pelzkragen als Reif hängen – das weiß ich noch ganz genau, denn Sie hatten einen sehr schönen Pelzkragen – dann sagten Sie: Unteroffizier Beckmann, ich übergebe Ihnen die Verantwortung für die zwanzig Mann. Sie erkunden den Wald östlich Gorodock und machen nach Möglichkeit ein paar Gefangene, klar? Jawohl, Herr Oberst, habe ich gesagt. Und dann sind wir losgezogen und haben erkundet. Und ich – ich hatte die Verantwortung. Dann haben wir die ganze Nacht erkundet und dann wurde geschossen und als wir wieder in der Stellung waren, da fehlten elf Mann. Und ich hatte die Verantwortung. Ja, das ist alles, Herr Oberst. Aber nun ist der Krieg aus, nun will ich pennen, nun gebe ich Ihnen die Verantwortung zurück, Herr Oberst. Ich will sie nicht mehr, ich gebe sie Ihnen zurück, Herr Oberst.

OBERST: Aber mein lieber Beckmann. Sie erregen sich unnötig. So war das doch garnicht gemeint.

BECKMANN *(ohne Erregung, aber ungeheuer ernsthaft)*: Doch. Doch, Herr Oberst. So muß es gemeint sein. Verantwortung ist doch nicht nur ein Wort, eine chemische Formel, nach der helles Menschenfleisch in dunkle Erde verwandelt wird. Man kann doch Menschen nicht für ein leeres Wort sterben lassen. Irgendwo müssen wir doch hin, mit unserer Verantwortung. Die Toten – antworten nicht. Gott – antwortet nicht. Aber die Lebenden, die fragen. Die fragen jede Nacht, Herr Oberst. Wenn ich dann wach liege, dann kommen sie und fragen. Frauen, Herr Oberst, traurige, trauernde Frauen. Alte Frauen mit grauem Haar und harten rissigen Händen – junge Frauen mit einsamen sehnsüchtigen Augen. Kinder, Herr Oberst, Kinder, viele kleine Kinder. Und die flüstern dann aus der Dunkelheit: Unteroffizier Beckmann, wo ist mein Vater, Unteroffizier Beckmann? Unteroffizier Beckmann, wo haben Sie meinen Mann? Unteroffizier Beckmann, wo ist mein Sohn, wo ist mein Bruder, Unteroffizier Beckmann, wo ist mein Verlobter, Unteroffizier Beckmann? Unteroffizier Beckmann, wo? wo? wo? So flüstern sie, bis es hell wird. Es sind nur elf Frauen, Herr Oberst, bei mir sind es nur elf. Wieviel sind es bei Ihnen, Herr Oberst? Tausend? Zweitausend? Schlafen Sie gut, Herr Oberst? Dann macht es Ihnen wohl nichts aus, wenn ich Ihnen zu den Zweitausend noch die Verantwortung für meine elf dazugebe. Können Sie schlafen, Herr Oberst, mit 2000 nächtlichen Gespenstern? Können Sie überhaupt leben, Herr Oberst, können Sie eine Minute leben, ohne zu schreien, Herr Oberst? Herr Oberst schlafen Sie nachts gut? Ja? Dann macht es Ihnen ja nichts aus, dann kann ich wohl nun endlich pennen – wenn Sie so nett sind und sie wieder zurücknehmen, die Verantwortung. Dann kann ich wohl nun endlich in aller Seelenruhe pennen. Seelenruhe, das war es ja, Seelenruhe, Herr Oberst! Und dann: schlafen! Mein Gott!

OBERST *(sehr unsicher)*: Junger Mann! Junger Mann! Ich weiß nicht recht, ich weiß nicht recht. Sind Sie nun ein heimlicher Pazifist, wie? So ein bißchen destruktiv, ja? Aber – *(er lacht zuerst verlegen, dann aber siegt sein gesundes Preußentum und er lacht aus voller Kehle)* mein Lieber, mein Lieber! Ich glaube beinahe, Sie sind ein kleiner Schelm, wie? Hab ich recht? Na? Sehen Sie, Sie sind ein Schelm, was? *(Er lacht.)* Köstlich Mann, ganz köstlich! Sie haben wirklich den Bogen raus! Nein, dieser abgründige Humor! Wissen Sie *(von seinem Gelächter unterbrochen)* wissen Sie, mit dem Zeug, mit der Nummer können Sie so auf die Bühne! So auf die Bühne! *(Der Oberst will Beckmann nicht verletzen, aber er ist so gesund und so sehr naiv und alter Soldat, daß er Beckmanns Traum nur als Witz begreift.)* Diese blödsinnige Brille, diese ulkige versaute Frisur! Sie müßten das Ganze mit Musik bringen! *(Lacht.)* Mein Gott, dieser köstliche Traum! Die Kniebeugen, die Kniebeugen mit Xylophon! Nein, mein Lieber, Sie müssen so auf die Bühne! Die

Menschheit lacht sich, lacht sich ja kaputt!!!! Oh mein Gott!!! *(Lacht mit Tränen in den Augen und prustet.)* Ich hatte ja im ersten Moment garnicht begriffen, daß Sie so eine komische Nummer bringen wollten. Ich dachte wahrhaftig, Sie hätten so eine leichte Verwirrung im Kopf. Hab doch nicht geahnt, was Sie für ein Komiker sind. Nein, also mein Lieber, Sie haben uns wirklich so einen reizenden Abend bereitet – das ist eine Gegenleistung wert. Wissen Sie was? Gehen Sie runter zu meinem Chauffeur, nehmen Sie sich warm Wasser, waschen Sie sich, nehmen Sie sich den Bart ab. Machen Sie sich menschlich. Und dann lassen Sie sich vom Chauffeur einen von meinen alten Anzügen geben. Ja, das ist mein Ernst! Schmeißen Sie ihre zerrissenen Klamotten weg, ziehen Sie sich einen alten Anzug von mir an, doch, das dürfen Sie ruhig annehmen. Und dann werden Sie erstmal wieder ein Mensch, mein lieber Junge! Werden Sie erstmal wieder ein Mensch!!!

BECKMANN *(wacht auf – und wacht auch zum ersten Male aus seiner Apathie auf)*: Ein Mensch? Werden? Ich soll erstmal wieder ein Mensch werden? *(Schreit.)* Ich soll ein Mensch werden? Ja, was seid Ihr denn? Menschen? Menschen? Wie? Was? Ja? Seid Ihr Menschen? Ja?!?

MUTTER *(schreit schrill und gellend auf. Es fällt etwas um)*: Nein! Er bringt uns um! Neieieiein!!!

(Furchtbares Gepolter, die Stimmen der Familie schreien aufgeregt durcheinander.)

SCHWIEGERSOHN: Halt die Lampe fest!

TOCHTER: Hilfe! Das Licht ist aus! Mutter hat die Lampe umgestoßen!

OBERST: Ruhig, Kinder.

MUTTER: Macht doch mal Licht!

SCHWIEGERSOHN: Wo ist denn die Lampe?

OBERST: Da. Da ist sie doch schon.

MUTTER: Gott sei Dank, daß wieder Licht ist.

SCHWIEGERSOHN: Und der Kerl ist weg. Sah mir gleich nicht ganz einwandfrei aus, der Bruder.

TOCHTER: Eins, zwei, drei – vier. Nein, es ist alles noch da. Nur der Aufschnitt-Teller ist zerbrochen.

OBERST: Zum Donnerwetter ja, worauf hatte er es denn abgesehen?

SCHWIEGERSOHN: Vielleicht war er wirklich bloß blöde.

TOCHTER: Nein, seht Ihr? Die Rumflasche fehlt.

MUTTER: Gott, Vater, dein schöner Rum!

TOCHTER: Und das halbe Brot – ist auch weg!

OBERST: Was, das Brot?

MUTTER: Das Brot hat er mitgenommen? Ja, was will er denn mit dem Brot?

SCHWIEGERSOHN: Vielleicht will er das essen. Oder versetzen. Diese Kreise schrecken ja vor nichts zurück.

TOCHTER: Ja, vielleicht will er das essen.

MUTTER: Ja, aber – aber das trockene Brot?

(Eine Tür kreischt und schlägt zu.)

BECKMANN *(wieder auf der Straße. Eine Flasche gluckert. Wird zunehmend betrunken)*: Die Leute haben recht. Prost, der wärmt. Nein, die Leute haben recht. Prost. Sollen wir uns hinstellen und um die Toten trauern, wo er uns selbst dicht auf den Nacken sitzt? Die Leute haben recht! Die Toten wachsen uns über den Kopf. Gestern zehn Millionen. Heute sind es schon dreißig. Morgen kommt einer und sprengt einen ganzen Erdteil in die Luft. Nächste Woche erfindet einer den Mord aller in sieben Sekunden mit zehn Gramm Gift. Sollen wir trauern!? Prost, ich hab das dunkle Gefühl, daß wir uns beizeiten nach einem anderen Planeten umsehen müssen. Prost! Die Leute haben recht. Ich geh zum Zirkus. Die haben ja recht, Mensch. Der Oberst hat sich halb tot gelacht! Er sagt, ich müßte so auf die Bühne. Humpelnd, mit dem Mantel, mit der Visage und der Brille in der Visage und mit der Bürste auf dem Kopf. Der Oberst hat recht, die Menschheit lacht sich kaputt! Prost. Es lebe der Oberst! Der hat mir das Leben gerettet. Heil, Herr Oberst! Prost. Es lebe das Blut! Es lebe das Gelächter über die Toten! Ich geh zum Zirkus, die Leute lachen sich kaputt! Wenn es recht grausig hergeht mit Blut und vielen Toten. Komm, glucker noch mal aus der Buddel, prost. Der Schnaps hat mir das Leben gerettet, mein Verstand ist ersoffen! Prost! *(Großartig und besoffen.)* Wer Schnaps hat oder ein Bett oder ein Mädchen, der träume seinen letzten Traum! Morgen kann es schon zu spät sein! Der baue sich aus seinem Traum eine Arche Noah und segle saufend und singend über das Entsetzliche rüber in die ewige Finsternis. Die andern ersaufen in Angst und Verzweiflung! Wer Schnaps hat, ist gerettet! Prost! Es lebe der blutige Oberst! Es lebe die Verantwortung. Heil! Ich gehe zum Zirkus! Es lebe der Zirkus! Der ganze große Zirkus!

IV. SZENE

(Ein Zimmer. Der Direktor eines Kabaretts. Beckmann noch leicht angetrunken.)

DIREKTOR *(sehr überzeugt)*: Sehen Sie, gerade in der Kunst brauchen wir wieder eine Jugend, die zu allen Problemen aktiv Stellung nimmt. Eine mutige, nüchterne –

BECKMANN *(vor sich hin)*: Nüchtern, ja ganz nüchtern muß sie sein.

DIREKTOR: – revolutionäre Jugend. Wir brauchen einen Geist wie Schiller, der mit zwanzig seine Räuber machte. Wir brauchen einen Grabbe, einen Heinrich Heine! So einen genialen angreifenden Geist haben wir nötig! Eine unromantische, wirklichkeitsnahe und handfeste Jugend, die den dunklen Seiten des Lebens gefaßt ins Auge sieht, unsentimental, objektiv, überlegen. Junge Menschen brauchen wir, eine Generation, die die Welt sieht und liebt, wie sie ist. Die die Wahrheit hochhält, Pläne hat, Ideen hat. Das brauchen keine tiefgründigen Weisheiten zu sein. Um Gotteswillen nichts Vollendetes, Reifes und Abgeklärtes. Das soll ein Schrei sein, ein Aufschrei ihrer Herzen. Frage, Hoffnung, Hunger!

BECKMANN *(für sich)*: Hunger, ja, den haben wir.

DIREKTOR: Aber jung muß diese Jugend sein, leidenschaftlich und mutig. Gerade in der Kunst. Sehen Sie mich an: Ich stand schon als Siebzehnjähriger auf den Brettern des Kabaretts und habe dem Spießer die Zähne gezeigt und ihm die Zigarre verdorben. Was uns fehlt, das sind die Avantgardisten, die das graue lebendige leidvolle Gesicht unserer Zeit präsentieren!

BECKMANN *(für sich)*: Ja, ja: Immer wieder präsentieren.

Gesichter. Gewehre. Gespenster. Irgendwas wird immer präsentiert.

DIREKTOR: – Übrigens, bei Gesicht fällt mir ein: Wozu laufen Sie eigentlich mit diesem nahezu grotesken Brillengestell herum? Wo haben Sie das originelle Ding denn bloß her, Mann? Man bekommt ja einen Schluckauf, wenn man Sie ansieht. Das ist ja ein ganz toller Apparat, den Sie da auf der Nase haben.

BECKMANN *(automatisch)*: Ja, meine Gasmaskenbrille. Die haben wir beim Militär bekommen, wir Brillenträger, damit wir auch unter der Gasmaske den Feind erkennen und schlagen konnten.

DIREKTOR: Aber der Krieg ist doch schon lange vorbei! Wir haben doch längst wieder das dickste Zivilleben! Und Sie zeigen sich noch immer in diesem militärischen Aufzug.

BECKMANN: Das müssen Sie mir nicht übelnehmen. Ich bin erst vorgestern aus Sibirien gekommen. Vorgestern? Ja, vorgestern!

DIREKTOR: Sibirien? Gräßlich, was? Gräßlich. Ja, der Krieg! Aber die Brille, haben Sie denn keine andere?

BECKMANN: Ich bin glücklich, daß ich wenigstens diese habe. Das ist meine Rettung. Es gibt doch sonst keine Rettung – keine Brillen, meine ich.

DIREKTOR: Ja, haben Sie denn nicht vorgesorgt, mein Guter?

BECKMANN: Wo, in Sibirien?

DIREKTOR: Ah, natürlich. Dieses dumme Sibirien! Sehen Sie, ich habe mich eingedeckt mit Brillen. Ja, Köpfchen! Ich bin glücklicher Inhaber von drei erstklassigen rassigen Hornbrillen. Echtes Horn, mein Lieber! Eine gelbe zum Arbeiten. Eine unauffällige zum Ausgehen. Und eine abends für die Bühne, verstehen Sie, eine schwarze schwere Hornbrille. Das sieht aus, mein Lieber, Klasse!

BECKMANN: Und ich habe nichts, was ich Ihnen geben könnte, damit Sie mir eine abtreten. Ich komme mir selbst so behelfsmäßig und repariert vor. Ich weiß auch, wie blödsinnig blöde das Ding aussieht, aber was soll ich machen? Könnten Sie mir nicht eine –

DIREKTOR: Wo denken Sie hin, mein bester Mann? Von meinen paar Brillen kann ich keine einzige entbehren. Meine ganzen Einfälle, meine Wirkung, meine Stimmungen sind von ihnen abhängig.

BECKMANN: Ja, das ist es eben: meine auch. Und Schnaps hat man nicht jeden Tag. Und wenn der alle ist, ist das Leben wie Blei: zäh, grau und wertlos. Aber für die Bühne wirkt diese himmelschreiend häßliche Brille wahrscheinlich viel besser.

DIREKTOR: Wieso das?

BECKMANN: Ich meine: komischer. Die Leute lachen sich doch kaputt, wenn sie mich sehen mit der Brille. Und dann noch die Frisur, und der Mantel. Und das Gesicht, müssen Sie bedenken, mein Gesicht! Das ist doch alles ungeheuer lustig, was?

DIREKTOR *(dem etwas unheimlich wird)*: Lustig? Lustig? Den Leuten bleibt das Lachen in der Kehle stecken, mein Lieber. Bei Ihrem Anblick wird ihnen das naßkalte Grauen den Nacken hochkriechen. Das naßkalte Grauen vor diesem Gespenst aus der Unterwelt wird ihnen hochkommen. Aber die Leute wollen doch schließlich Kunst genießen, sich erheben, erbauen, keine naßkalten Gespenster sehen. Nein, so können wir Sie nicht loslassen. Etwas genialer, überlegener heiterer müssen wir den Leuten schon kommen. Positiv! Positiv! Mein Lieber! Denken Sie an Goethe! Denken Sie an Mozart! Die Jungfrau von Orleans, Richard Wagner, Schmeling, Shirley Temple!

BECKMANN: Gegen solche Namen kann ich natürlich nicht gegenan. Ich bin nur Beckmann. Vorne B – hinten eckmann.

DIREKTOR: Beckmann? Beckmann? Ist mir im Moment garnicht geläufig beim Kabarett. Oder haben Sie unter einem Pseudonym gearbeitet?

BECKMANN: Nein, ich bin ganz neu. Ich bin Anfänger.

DIREKTOR *(schwenkt völlig um)*: Sie sind Anfänger! Ja, mein Bester, so leicht geht die Sache im Leben aber nun doch nicht. Nein, das denken Sie sich doch wohl ein bißchen einfach. So mir nichts dir nichts macht man keine Karriere! Sie unterschätzen die Verantwortung von uns Unternehmern! Einen Anfänger bringen, das kann den Ruin bedeuten. Das Publikum will Namen!

BECKMANN: Goethe, Schmeling, Shirley Temple oder sowas, nicht?

DIREKTOR: Eben die. Aber Anfänger? Neulinge, Unbekannte? Wie alt sind Sie denn?

BECKMANN: Fünfundzwanzig.

DIREKTOR: Na, sehen Sie. Lassen Sie sich erst mal den Wind um die Nase wehen, junger Freund. Riechen Sie erstmal ein wenig hinein ins Leben. Was haben Sie denn so bis jetzt gemacht?

BECKMANN: Nichts. Krieg: Gehungert. Gefroren. Geschossen: Krieg. Sonst nichts.

DIREKTOR: Sonst nichts? Na, und was ist das? Reifen Sie auf dem Schlachtfeld des Lebens, mein Freund. Arbeiten Sie. Machen Sie sich einen Namen, dann bringen wir Sie in großer Aufmachung raus. Lernen Sie die Welt kennen, dann kommen Sie wieder. Werden Sie jemand!

BECKMANN *(der bisher ruhig und eintönig war, jetzt allmählich erregter)*: Und wo soll ich anfangen? Wo denn? Einmal muß man doch irgendwo eine Chance bekommen. Irgendwo muß doch ein Anfänger mal anfangen. In Rußland ist uns zwar kein Wind um die Nase geweht, aber dafür Metall, viel Metall. Heißes hartes herzloses Metall. Wo sollen wir denn anfangen? Wo denn? Wir wollen doch endlich einmal anfangen! Menschenskind!

DIREKTOR: Menschenskind können Sie sich ruhig verkneifen. Ich habe schließlich keinen nach Sibirien geschickt. Ich nicht.

BECKMANN: Nein, keiner hat uns nach Sibirien geschickt. Wir sind ganz von alleine gegangen. Alle ganz von alleine. Und einige, die sind ganz von alleine dageblieben. Unterm Schnee, unterm Sand. Die hatten eine Chance, die Gebliebenen, die Toten. Aber wir, wir können nun nirgendwo anfangen. Nirgendwo anfangen.

DIREKTOR *(resigniert)*: Wie Sie wollen! Also: dann fangen Sie an. Bitte. Stellen Sie sich dahin. Beginnen Sie. Machen Sie nicht so lange. Zeit ist teuer. Also, bitte. Wenn Sie so liebenswürdig sein wollen, fangen Sie an. Ich gebe Ihnen die große Chance. Sie haben immenses Glück: ich leihe Ihnen mein Ohr. Schätzen Sie das, junger Mann, schätzen Sie das, sag ich Ihnen! Fangen Sie also in Gottes Namen an. Bitte. Da. Also.

(Leise Xylophonmusik. Man erkennt die Melodie der »tapferen kleinen Soldatenfrau«.)

BECKMANN *(singt, mehr gesprochen, leise, apathisch und monoton)*:

Tapfere kleine Soldatenfrau –
ich kenn das Lied noch ganz genau,
das süße schöne Lied.
Aber in Wirklichkeit: War alles Schiet!
Refrain: Die Welt hat gelacht
und ich hab gebrüllt.
Und der Nebel der Nacht
hat dann alles verhüllt.
Nur der Mond grinst noch
durch ein Loch
in der Gardine!

Als ich jetzt nach Hause kam,
da war mein Bett besetzt.
Daß ich mir nicht das Leben nahm,
das hat mich selbst entsetzt.
Refrain: Die Welt hat gelacht …

Da hab ich mir um Mitternacht
ein neues Mädchen angelacht.
Von Deutschland hat sie nichts gesagt
und Deutschland hat auch nicht nach uns gefragt:
Die Nacht war kurz, der Morgen kam,
und da stand einer in der Tür.
Der hatte nur ein Bein und das war ihr Mann.
Und das war morgens um vier.
Refrain: Die Welt hat gelacht …

Nun lauf ich wieder draußen rum.
und in mir geht das Lied herum
das Lied von der sau –
das Lied von der sau –
das Lied von der sauberen Soldatenfrau.

(Das Xylophon verkleckert.)

DIREKTOR *(feige)*: So übel nicht, nein wirklich nicht so übel. Ganz brav schon. Für einen Anfänger sehr brav. Aber das Ganze hat natürlich noch zu wenig Esprit, mein lieber junger Mann. Das schillert nicht genug. Der gewisse Glanz fehlt. Das ist natürlich noch keine Dichtung. Da fehlt noch das Timbre und die diskrete pikante Erotik, die gerade das Thema Ehebruch verlangt. Das Publikum will gekitzelt werden und nicht gekniffen. Sonst ist es aber sehr brav für Ihre Jugend. Die Ethik – und die tiefere Weisheit fehlt noch – aber wie gesagt: für einen Anfänger doch nicht so übel! Es ist noch zu sehr Plakat, zu deutlich, –

BECKMANN *(stur vor sich hin)*: zu deutlich.

DIREKTOR: – zu laut. Zu direkt, verstehen Sie. Ihnen fehlt bei Ihrer Jugend natürlich noch die heitere –

BECKMANN *(stur vor sich hin)*: heiter.

DIREKTOR: – Gelassenheit, die Überlegenheit. Denken Sie an unseren Altmeister Goethe. Goethe zog mit seinem Herzog ins Feld – und schrieb am Lagerfeuer eine Operette.

BECKMANN *(stur vor sich hin)*: Operette.

DIREKTOR: Das ist Genie! Das ist der große Abstand!

BECKMANN: Ja, das muß man wohl zugeben, das ist ein großer Abstand.

DIREKTOR: Lieber Freund, warten wir noch ein paar Jährchen.

BECKMANN: Warten? Ich hab doch Hunger! Ich muß doch arbeiten!

DIREKTOR: Ja, aber Kunst muß reifen. Ihr Vortrag ist noch ohne Eleganz und Erfahrung. Das ist alles zu grau, zu nackt. Sie machen mir ja das Publikum böse. Nein, wir können die Leute nicht mit Schwarzbrot –

BECKMANN *(stur vor sich hin)*: Schwarzbrot.

DIREKTOR: – füttern, wenn sie Biskuit verlangen. Gedulden Sie sich noch. Arbeiten Sie an sich, feilen Sie, reifen Sie. Dies ist schon ganz brav, wie gesagt, aber es ist noch keine Kunst.

BECKMANN: Kunst, Kunst! Aber es ist doch Wahrheit!

DIREKTOR: Ja, Wahrheit! Mit der Wahrheit hat die Kunst doch nichts zu tun! Mit der Wahrheit kommen Sie nicht weit. Damit machen Sie sich nur unbeliebt. Wo kämen wir hin, wenn alle Leute plötzlich die Wahrheit sagen wollten! Wer will denn heute etwas von der Wahrheit wissen? Hm? Wer? Das sind die Tatsachen, die Sie nie vergessen dürfen.

BECKMANN *(bitter)*: Ja, ja. Ich verstehe. Danke auch. Langsam verstehe ich schon. Das sind die Tatsachen, die man nie vergessen darf *(seine Stimme wird nun immer härter, bis sie beim Kreischen der Tür ganz laut wird)*, die man nie vergessen darf. Mit der Wahrheit kommt man nicht weit. Mit der Wahrheit macht man sich nur unbeliebt. Wer will denn heute etwas von der Wahrheit wissen? *(Laut.)* – Ja, langsam verstehe ich schon, das sind so die Tatsachen – – – *(Beckmann geht wortlos ab. Eine Tür kreischt und schlägt zu.)*

DIREKTOR: Aber, junger Mann! Warum gleich so empfindlich?

BECKMANN *(verzweifelt)*:
Der Schnaps war alle
und die Welt war grau
wie das Fell, wie das Fell
einer alten Sau!
Der Weg in die Elbe geht geradeaus.

DER ANDERE: Bleib hier, Beckmann! Die Straße ist hier! Hier oben!

BECKMANN: Die Straße stinkt nach Blut. Hier haben sie die Wahrheit massakriert. Meine Straße will zur Elbe! Und die geht hier unten!

DER ANDERE: Komm, Beckmann, du darfst nicht verzweifeln! Die Wahrheit lebt!

BECKMANN: Mit der Wahrheit ist das wie mit einer stadtbekannten Hure. Jeder kennt sie, aber es ist peinlich, wenn man ihr auf der Straße begegnet. Damit muß man es heimlich halten, nachts. Am Tage ist sie grau, roh und häßlich, die Hure und die Wahrheit. Und mancher verdaut sie ein ganzes Leben nicht.

DER ANDERE: Komm, Beckmann, irgendwo steht immer eine Tür offen.

BECKMANN: Ja, für Goethe, für Shirley Temple oder Schmeling. Aber ich bin bloß Beckmann. Beckmann mit der ulkigen Brille und 'ner ulkigen Frisur. Beckmann mit 'nem Humpelbein und 'nem Weihnachtsmannmantel. Ich bin nur ein schlechter Witz, den der Krieg gemacht hat, ein Gespenst von gestern. Und weil ich nur Beckmann bin und nicht Mozart, deswegen sind alle Türen zu. Bums. Deswegen stehe ich draußen, bums. Mal wieder bums. Und immer noch bums. Und immer wieder draußen. Bums. Und weil ich ein Anfänger bin, deswe-

gen kann ich nirgendwo anfangen. Und weil ich zu leise bin, bin ich kein Offizier geworden! Und weil ich zu laut bin, mach ich das Publikum bange. Und weil ich ein Herz habe, das nachts schreit über die Toten, deswegen muß ich erst wieder ein Mensch werden. Im Anzug von Herrn Oberst.
Der Schnaps ist alle,
und die Welt ist grau
wie das Fell, wie das Fell
von einer alten Sau!
Die Straße stinkt nach Blut, weil man die Wahrheit massakriert hat und alle Türen sind zu. Ich will nach Hause, aber alle Straßen sind finster. Nur die Straße nach der Elbe runter, die ist hell. Oh, die ist hell!

DER ANDERE: Bleib hier, Beckmann! Deine Straße ist doch hier. Hier geht es nach Hause. Du mußt nach Hause, Beckmann. Dein Vater sitzt in der Stube und wartet. Und Deine Mutter steht schon an der Tür. Sie hat deinen Schritt erkannt.

BECKMANN: Mein Gott! Nach Hause! Ja, ich will nach Hause. Ich will zu meiner Mutter! Ich will endlich zu meiner Mutter!!! Zu meiner –

DER ANDERE: Komm. Hier ist Deine Straße. Da, wo man zuerst hingehen sollte, daran denkt man zuletzt.

BECKMANN: Nach Hause, wo meine Mutter ist, meine Mutter – – –

V. SZENE

(Ein Haus. Eine Tür. Beckmann.)

BECKMANN: Unser Haus steht noch! Und es hat eine Tür. Und die Tür ist für mich da. Meine Mutter ist da und macht mir die Tür auf und läßt mich rein. Daß unser Haus noch steht! Die Treppe knarrt auch immer noch. Und da ist unsere Tür. Da kommt mein Vater jeden Morgen um acht raus. Da geht er jeden Abend wieder rein. Nur Sonntags nicht. Da fuchtelt er mit dem Schlüsselbund umher und knurrt vor sich hin. Jeden Tag. Ein ganzes Leben. Da geht meine Mutter rein und raus. Dreimal, siebenmal, zehnmal am Tag. Jeden Tag. Ein Leben lang. Ein langes Leben lang. Das ist unsere Tür. Dahinter miaut die Küchentür, dahinter kratzt die Uhr mit ihrer heiseren Stimme die unwiederbringlichen Stunden. Dahinter habe ich auf einem umgekippten Stuhl gesessen und Rennfahrer gespielt. Und dahinter hustet mein Vater. Dahinter rülpst der ausgeleierte Wasserhahn und die Kacheln in der Küche klickern, wenn meine Mutter da herumpütschert. Das ist unsere Tür. Dahinter röppelt sich ein Leben ab von einem ewigen Knäuel. Ein Leben, das schon immer so war, dreißig Jahre lang. Und das immer so weitergeht. Der Krieg ist an dieser Tür vorbeigegangen. Er hat sie nicht eingeschlagen und nicht aus den Angeln gerissen. Unsere Tür hat er stehenlassen, zufällig, aus Versehen. Und nun ist diese Tür für mich da. Für mich geht sie auf. Und hinter mir geht sie zu und dann stehe ich nicht mehr draußen. Dann bin ich zu Hause. Das ist unsere alte Tür mit ihrer abgeblätterten Farbe und dem verbeulten Blechbriefkasten. Mit dem wackeli-

gen weißen Klingelknopf und dem blanken Messingschild, das meine Mutter jeden Morgen putzt und auf dem unser Name steht: Beckmann –
Nein, das Messingschild ist ja garnicht mehr da! Warum ist denn das Messingschild nicht mehr da? Wer hat denn unseren Namen weggenommen? Was soll denn diese schmutzige Pappkarte an unserer Tür? Mit diesem fremden Namen? Hier wohnt doch garkein Kramer! Warum steht denn unser Name nicht mehr an der Tür? Der steht doch schon dreißig Jahren da. Der kann doch nicht einfach abgemacht und durch einen anderen ersetzt werden! Wo ist denn unser Messingschild? Die andern Namen im Haus sind doch auch noch alle an ihren Türen. Wie immer. Warum steht hier denn nicht mehr Beckmann? Da kann man doch nicht einfach einen anderen Namen annageln, wenn da dreißig Jahre lang Beckmann angestanden hat. Wer ist denn dieser Kramer?!
(Er klingelt. Die Tür geht kreischend auf.)

FRAU KRAMER *(mit einer gleichgültigen, grauenhaften, glatten Freundlichkeit, die furchtbarer ist, als alle Rohheit und Brutalität)*: Was wollen Sie?

BECKMANN: Ja, guten Tag, ich –

FRAU KRAMER: Was?

BECKMANN: Wissen Sie, wo unser Messingschild geblieben ist?

FRAU KRAMER: Was für ein »unser Schild«?

BECKMANN: Das Schild, das hier immer an war. Dreißig Jahre lang.

FRAU KRAMER: Weiß ich nicht.

BECKMANN: Wissen Sie denn nicht, wo meine Eltern sind?

FRAU KRAMER: Wer sind das? Wer sind Sie denn?

BECKMANN: Ich heiße Beckmann. Ich bin hier doch geboren. Das ist doch unsere Wohnung.

FRAU KRAMER *(immer mehr schwatzhaft und schnodderig als absichtlich gemein)*: Nein, das stimmt nicht. Das ist unsere Wohnung. Geboren können Sie hier ja meinetwegen sein, das ist mir egal, aber Ihre Wohnung ist das nicht. Die gehört uns.

BECKMANN: Ja, ja. Aber wo sind denn meine Eltern geblieben? Die müssen doch irgendwo wohnen!

FRAU KRAMER: Sie sind der Sohn von diesen Leuten, von diesen Beckmanns sagen Sie? Sie heißen Beckmann?

BECKMANN: Ja, natürlich, ich bin Beckmann. Ich bin doch hier in dieser Wohnung geboren.

FRAU KRAMER: Das können Sie ja auch. Das ist mir ganz egal. Aber die Wohnung gehört uns.

BECKMANN: Aber meine Eltern! Wo sind meine Eltern denn abgeblieben? Können Sie mir denn nicht sagen, wo sie sind?

FRAU KRAMER: Das wissen Sie nicht? Und Sie wollen der Sohn sein, sagen Sie? Na, Sie kommen mir aber vor! Wenn Sie das nicht mal wissen, wissen Sie?!

BECKMANN: Um Gotteswillen, wo sind sie denn hin, die alten Leute? Sie haben hier dreißig Jahre gewohnt und nun sollen sie mit einmal nicht mehr da sein? Reden Sie doch was! Sie müssen doch irgendwo sein!

FRAU KRAMER: Doch. Soviel ich weiß: Kapelle 5.

BECKMANN: Kapelle 5? Was für eine Kapelle 5 denn?

FRAU KRAMER *(resigniert, eher wehleidig als brutal)*: Kapelle 5 in Ohlsdorf. Wissen Sie, was Ohlsdorf ist? Ne Gräberkolonie. Wissen Sie, wo Ohlsdorf liegt? Bei Fuhlsbüttel. Da oben sind die drei Endstationen von Hamburg. In Fuhlsbüttel das Gefängnis, in Alsterdorf die Irrenanstalt. Und in Ohlsdorf der Friedhof. Sehen Sie, und da sind sie geblieben. Ihre Alten. Da wohnen sie nun, abgewandert, parti. Und das wollen Sie nicht wissen?

BECKMANN: Was machen sie denn da? Sind sie denn tot? Sie haben doch eben noch gelebt. Woher soll ich das denn wissen? Ich war drei Jahre lang in Sibirien. Über tausend Tage. Sie sollen tot sein? Eben waren sie doch noch da. Warum sind sie denn gestorben, ehe ich nach Hause kam? Ihnen fehlte doch nichts. Nur daß mein Vater den Husten hatte. Aber den hatte er immer. Und daß meine Mutter kalte Füße hatte von der gekachelten Küche. Aber davon stirbt man doch nicht. Warum sind sie denn gestorben? Sie hatten doch garkeinen Grund. Sie können doch nicht so einfach stillschweigend wegsterben!

FRAU KRAMER *(vertraulich, schlampig, auf rauhe Art, sentimental)*: Na, Sie sind vielleicht ne Marke. Sie komischer Sohn. Gut, Schwamm drüber. Tausend Tage Sibirien ist auch kein Spaß. Versteh schon, wenn man dabei durchdreht und in die Knie geht. Die alten Beckmanns konnten nicht mehr, wissen Sie. Hatten sich ein bißchen verausgabt im Dritten Reich, das wissen Sie doch. Was braucht so ein alter Mann noch Uniform zu tragen. Und dann war er ein bißchen doll auf die Juden, das wissen Sie doch, Sie Sohn Sie. Die Juden konnte Ihr Alter nicht verknusen. Die regten seine Galle an. Er wollte sie alle eigenhändig nach Palästina jagen, hat er immer gedonnert. Im Luftschutzkeller, wissen Sie, immer wenn eine Bombe runterging, hat er einen Fluch auf die Juden losgelassen. War ein bißchen sehr aktiv, Ihr alter Herr. Hat sich reichlich verausgabt bei den Nazis. Na, und als das braune Zeitalter vorbei war, da haben sie ihn dann hochgehen lassen, den Herrn Vater. Wegen den Juden. War ja auch ein bißchen doll, das mit den Juden. Warum konnt er auch seinen Mund nicht halten. War eben zu aktiv, der alte Beckmann. Und als es nun vorbei war mit den braunen Jungs, da haben sie ihm mal ein bißchen auf den Zahn gefühlt. Na, und der Zahn war ja faul, das muß man wohl sagen, der war ganz oberfaul. – Sagen Sie mal, ich freue mich schon die ganze Zeit über das drollige Ding, was Sie als Brille auf die Nase gebastelt haben. Wozu machen Sie denn so einen Heckmeck. Das kann man doch nicht als vernünftige Brille ansprechen. Haben Sie denn keine normale, Junge?

BECKMANN *(automatisch)*: Nein. Das ist eine Gasmaskenbrille, die bekamen die Soldaten, die –

FRAU KRAMER: Kenn ich doch. Weiß ich doch. Ne, aber aufsetzen würde ich sowas nicht. Dann lieber zu Hause bleiben. Das wär was für meinen Alten. Wissen Sie, was der zu Ihnen sagen würde? Der würde sagen: Mensch, Junge, nimm doch das Brückengeländer aus dem Antlitz!

BECKMANN: Weiter. Was ist mit meinem Vater. Erzählen Sie doch weiter. Es war gerade so spannend. Los, weiter, Frau Kramer, immer weiter!

FRAU KRAMER: Da ist nichts mehr zu erzählen. An die Luft gesetzt haben sie Ihren Papa. Ohne Pension, versteht sich. Und dann sollten sie noch aus der Wohnung raus. Nur den Kochtopf durften sie behalten. Das war natürlich trübe. Und das hat den beiden Alten dann den Rest gegeben. Da konnten sie wohl nicht mehr. Und sie mochten auch nicht mehr. Na, da haben sie sich dann selbst endgültig entnazifiziert. Das war nun wieder konsequent von Ihrem Alten, das muß man ihm lassen.

BECKMANN: Was haben sie? Sich selbst –

FRAU KRAMER *(mehr gutmütig als gemein)*: Entnazifiziert. Das sagen wir so, wissen Sie. Das ist so ein Privatausdruck von uns. Ja, die alten Herrschaften von Ihnen hatten nicht mehr die rechte Lust. Einen Morgen lagen sie steif und blau in der Küche. Sowas Dummes sagt mein Alter, von dem Gas hätten wir einen ganzen Monat kochen können!

BECKMANN *(leise, aber furchtbar drohend)*: Ich glaube, es ist gut, wenn Sie die Tür zumachen, ganz schnell. Ganz schnell! Und schließen Sie ab. Machen Sie ganz schnell Ihre Tür zu, sag ich Ihnen! Machen Sie! *(Die Tür kreischt, Frau Kramer schreit hysterisch, die Tür schlägt zu.)*

BECKMANN *(leise)*: Ich halt es nicht aus! Ich halt es nicht aus! Ich halt es nicht aus!

DER ANDERE: Doch, Beckmann, doch! Man hält das aus.

BECKMANN: Nein! Ich will das alles nicht mehr aushalten! Geh weg! Du blödsinniger Jasager! Geh weg!

DER ANDERE: Nein, Beckmann. Deine Straße ist hier oben. Komm. Bleib oben, Beckmann, deine Straße ist noch lang. Komm.

BECKMANN: Du bist ein Schwein! – Aber man hält das wohl aus, o ja. Man hält das aus, auf dieser Straße und geht weiter. Manchmal bleibt einem die Luft weg oder man möchte einen Mord begehen. Aber man atmet weiter und der Mord geschieht nicht. Man schreit auch nicht mehr und man schluchzt nicht. Man hält das aus. Zwei Tote. Wer redet heute von zwei Toten!

DER ANDERE: Sei still, Beckmann. Komm.

BECKMANN: Es ist natürlich ärgerlich, wenn es gerade deine Eltern sind, die beiden Toten. Aber zwei Tote, alte Leute? Schade um das Gas! Davon hätte man einen ganzen Monat kochen können.

DER ANDERE: Hör nicht hin, Beckmann. Komm. Die Straße wartet.

BECKMANN: Ja, hör nicht hin. Dabei hat man ein Herz, das schreit, ein Herz, das einen Mord begehen möchte. Ein armes Luder von Herz, das diese Traurigen, die um das Gas trauern, ermorden möchte! Ein Herz hat man, das will pennen, tief in der Elbe, verstehst du. Das Herz hat sich heiser geschrien und keiner hat es gehört. Hier unten keiner. Und da oben keiner. Zwei alte Leute sind in die Gräberkolonie Ohlsdorf abgewandert. Gestern waren es vielleicht zweitausend. Morgen werden es viertausend oder sechs Millionen sein. Abgewandert in die Massengräber der Welt. Wer fragt danach? Keiner. Hier unten kein Menschenohr. Da oben kein Gottesohr. Gott schläft und wir leben weiter.

DER ANDERE: Beckmann! Beckmann! Hör nicht hin, Beckmann. Du siehst alles durch deine Gasmaskenbrille. Du siehst alles verbogen, Beckmann. Hör nicht hin, du. Früher gab es Zeiten, Beckmann, wo die Zeitungsleser abends in Kapstadt unter ihren grünen Lampenschirmen tief aufseufzten, wenn sie lasen, daß in Alaska zwei Mädchen im Eis erfroren waren. Früher war es doch so, daß sie in Hamburg nicht einschlafen konnten, weil man in Boston ein Kind entführt hatte. Früher konnte es wohl vorkommen, daß sie in San Francisco trauerten, wenn bei Paris ein Ballonfahrer abgestürzt war.

BECKMANN: Früher früher früher! Wann war das? Vor zehntausend Jahren? Heute tun es nur noch Totenlisten mit sechs Nullen. Aber die Menschen seufzen nicht unter ihren Lampen, sie schlafen ruhig und tief, wenn sie noch ein Bett haben. Sie sehen stumm mit Leid aneinander vorbei: hohlwangig, hart, bitter, verkrümmt, einsam. Sie werden mit Zahlen gefüttert, die sie kaum aussprechen können, weil sie so lang sind. Und die Zahlen bedeuten –

DER ANDERE: Hör nicht hin, Beckmann.

BECKMANN: Hör hin, hör hin, bis du umkommst! Die Zahlen sind so lang, daß man sie kaum aussprechen kann. Und die Zahlen bedeuten –

DER ANDERE: Hör nicht hin –

BECKMANN: Hör hin! Sie bedeuten: Tote, Halbtote, Granatentote, Splittertote, Hungertote, Bombentote, Eissturmtote, Ozeantote, Verzweiflungstote. Verlorene. Verlaufene. Verschollene. Und diese Zahlen haben mehr Nullen, als wir Finger an der Hand haben!

DER ANDERE: Hör doch nicht hin, du. Die Straße wartet! Beckmann, komm!

BECKMANN: Du, du! Wo geht sie hin, du? Wo sind wir? Sind wir noch hier? Ist dies noch die alte Erde? Ist uns kein Fell gewachsen, du? Wächst uns kein Schwanz, kein Raubtiergebiß, keine Kralle? Gehen wir doch noch auf zwei Beinen? Mensch, Mensch, was für eine Straße bist du? Wo gehst du hin? Antworte doch, du Anderer, du Jasager! Antworte doch, du ewiger Antworter!

DER ANDERE: Du verläufst dich, Beckmann, komm, bleib oben, deine Straße ist hier! Hör nicht hin. Die Straße geht auf und ab. Schrei nicht los, wenn sie abwärts geht und wenn es dunkel ist – die Straße geht weiter und überall gibt es Lampen: Sonne, Sterne, Frauen, Fenster, Laternen und offene Türen. Schrei nicht los, wenn du eine halbe Stunde im Nebel stehst, nachts, einsam. Du triffst immer wieder auf die andern. Komm, Junge, werd nicht müde! Hör nicht hin auf die sentimentale Klimperei des süßen Xylophonspielers, hör nicht hin.

BECKMANN: Hör nicht hin? Ist das deine ganze Antwort? Millionen Tote, Halbtote, Verschollene – das ist alles gleich? Und du sagst: Hör nicht hin! Ich habe mich verlaufen? Ja, die Straße ist grau, grausam und abgründig. Aber wir sind draußen auf ihr unterwegs, wir humpeln, heulen und hungern auf ihr entlang, arm, kalt und müde! Aber die Elbe hat mich wieder ausgekotzt wie einen faulen Bissen. Die Elbe läßt mich nicht schlafen. Ich soll leben, sagst du! Leben, du! Dieses Leben leben? Dann sag mir auch: Wozu? Für wen? Für was?

DER ANDERE: Für dich! Für das Leben! Deine Straße wartet. Und hin und wieder kommen Laternen. Bist du so feige, daß du Angst hast vor der Finsternis zwischen zwei Laternen? Willst du nur Laternen haben? Komm, Beckmann, weiter, bis zur nächsten Laterne.

BECKMANN: Ich habe Hunger, du. Mich friert, hörst du. Ich habe Hunger! Die Straße ist finster und alle Türen sind zu. – Halt Deinen Mund, Jasager, schon deine Lunge für andere: Ich habe Heimweh! Nach meiner Mutter! Ich habe Hunger auf Schwarzbrot! Es brauchen keine Biscuits zu sein, nein, das ist nicht nötig. Meine Mutter hätte sicher 'n Stück Schwarzbrot für mich gehabt – und warme Strümpfe. Und dann hätte ich mich satt und warm zu Herrn Oberst in den weichen Sessel gesetzt und Dostojewski gelesen. Oder Gorki. Das ist herrlich, wenn man satt und warm ist, vom Elend anderer Leute zu lesen und so recht mitleidig zu seufzen. Aber leider fallen mir dauernd die Augen zu. Ich bin hunde-, hundemüde. Ich möchte gähnen können wie ein Hund – bis zum Kehlkopf gähnen. Und ich kann nicht mehr stehen. Ich bin müde, du. Und jetzt will ich nicht mehr. Ich kann nicht mehr, verstehst du? Keinen Millimeter. Keinen –

DER ANDERE: Beckmann, gib nicht nach. Komm, Beckmann, das Leben wartet, Beckmann, komm!

BECKMANN: Ich will nicht Dostojewski lesen, ich habe selbst Angst. Ich komme nicht. Nein. Ich bin müde. Nein, du, ich komme nicht. Ich will pennen. Hier vor meiner Tür. Ich setze mich vor meiner Tür auf die Treppe, du, und dann penn ich. Penn ich, penn ich, bis eines Tages die Mauern des Hauses anfangen zu knistern und vor Altersschwäche auseinanderzukrümeln. Oder bis zur nächsten Mobilmachung. Ich bin müde wie eine ganze gähnende Welt!

DER ANDERE: Werd nicht müde, Beckmann. Komm.

BECKMANN: Nein, dieses Leben ist weniger als nichts. Ich mach nicht mehr mit, du. Was sagst du? Vorwärts, Kameraden, das Stück wird selbstverständlich brav bis zu Ende gespielt. Wer weiß, in welcher finsteren Ecke wir liegen oder an welcher süßen Brust, wenn der Vorhang endlich fällt. Fünf graue verregnete Akte!

DER ANDERE: Mach mit. Das Leben ist lebendig, Beckmann. Sei mit lebendig!

BECKMANN: Sei still. Das Leben ist so:

1. Akt: Grauer Himmel. Es wird einem wehgetan.

2. Akt: Grauer Himmel. Man tut wieder weh.

3. Akt: Es wird dunkel und es regnet.
4. Akt: Es ist noch dunkler. Man sieht eine Tür.
5. Akt: Es ist Nacht. Tiefe Nacht. Und die Tür ist zu.
Man steht draußen. Draußen vor der Tür. An der Elbe steht man, an der Seine, an der Wolga, am Mississippi. Man steht da, spinnt, friert, hungert und ist verdammt müde. Und dann auf einmal plumpst es und die Wellen machen niedliche kleine kreisrunde Kreise, und dann rauscht der Vorhang. Fische und Würmer spendieren einen lautlosen Beifall. – So ist das! Ist das viel mehr als Nichts? – Ich – ich mach jedenfalls nicht mehr mit. Mein Gähnen ist groß wie die weite Welt!

DER ANDERE: Schlaf nicht ein, Beckmann! Du mußt weiter.

BECKMANN: Was sagst du? Du sprichst ja auf einmal so leise.

DER ANDERE: Steh auf, Beckmann, die Straße wartet.

BECKMANN: Die Straße wird wohl auf meinen müden Schritt verzichten müssen. Warum bist du denn so weit weg? Ich kann dich garnicht mehr – kaum noch – ver – – stehen – – – – *(Er gähnt.)*

DER ANDERE: Beckmann! Beckmann!

BECKMANN: Hm – – – *(Er schläft ein.)*

DER ANDERE: Beckmann, du schläfst ja!

BECKMANN *(im Schlaf)*: Ja, ich schlafe.

DER ANDERE: Wach auf, Beckmann, du mußt leben!

BECKMANN: Nein, ich denke garnicht daran, aufzuwachen. Ich träume gerade. Ich träume einen wunderschönen Traum.

DER ANDERE: Träum nicht weiter, Beckmann, du mußt leben.

BECKMANN: Leben? Ach wo, ich träume doch gerade, daß ich sterbe.

DER ANDERE: Steh auf, sag ich! Lebe!

BECKMANN: Nein. Aufstehen mag ich nicht mehr. Ich träume doch gerade so schön. Ich liege auf der Straße und sterbe. Die Lunge macht nicht mehr mit, das Herz macht nicht mehr mit und die Beine nicht. Der ganze Beckmann macht nicht mehr mit, hörst du? Glatte Befehlsverweigerung. Unteroffizier Beckmann macht nicht mehr mit. Toll, was?

DER ANDERE: Komm, Beckmann, du mußt weiter.

BECKMANN: Weiter? Abwärts, meinst du, weiter abwärts! En bas, sagt der Franzose. Es ist so schön, zu sterben, du, das hab ich nicht gedacht. Ich glaube, der Tod muß ganz erträglich sein. Es ist doch noch keiner wieder zurückgekommen, weil er den Tod nicht aushalten konnte. Vielleicht ist er ganz nett, der Tod, vielleicht viel netter, als das Leben, vielleicht – – – Ich glaube sogar, ich bin schon im Himmel. Ich fühle mich garnicht mehr – und das ist wie im Himmel sein, sich nicht mehr fühlen. Und da kommt auch ein alter Mann, der sieht aus wie der liebe Gott. Ja, beinahe wie der liebe Gott. Nur etwas zu theologisch. Und so weinerlich. Ob das der liebe Gott ist? Guten Tag, alter Mann. Bist du der liebe Gott?

GOTT *(weinerlich)*: Ich bin der liebe Gott, mein Junge, mein armer Junge!

BECKMANN: Ach, du bist also der liebe Gott. Wer hat dich eigentlich so genannt, lieber Gott? Die Menschen? Ja? Oder du selbst?

GOTT: Die Menschen nennen mich den lieben Gott.

BECKMANN: Seltsam, ja, das müssen ganz seltsame Menschen sein, die dich so nennen. Das sind wohl die Zufriedenen, die Satten, die Glücklichen und die, die Angst vor dir haben. Die im Sonnenschein gehen, verliebt oder satt oder zufrieden – oder die es nachts mit der Angst kriegen, die sagen: Lieber Gott! Lieber Gott! Aber ich sage nicht lieber Gott, du, ich kenne keinen, der ein lieber Gott ist, du!

GOTT: Mein Kind, mein armes –

BECKMANN: Wann bist du eigentlich lieb, lieber Gott? Warst du lieb, als du meinen Jungen, der gerade ein Jahr alt war, als du meinen kleinen Jungen von einer brüllenden Bombe zerreißen ließt? Warst du da lieb, als du ihn ermorden ließt, lieber Gott, ja?

GOTT: Ich hab ihn nicht ermorden lassen.

BECKMANN: Nein, richtig. Du hast es nur zugelassen. Du hast nicht hingehört, als er schrie und als die Bomben brüllten. Wo warst du da eigentlich, als die Bomben brüllten, lieber Gott? Oder warst du lieb, als von meinem Spähtrupp elf Mann fehlten? Elf Mann zu wenig, lieber Gott und du warst garnicht da, lieber Gott. Die elf Mann haben gewiß laut geschrien in dem einsamen Wald, aber du warst nicht da, einfach nicht da, lieber Gott.
Warst du in Stalingrad lieb, lieber Gott, warst du da lieb, wie? Ja? Wann warst du denn eigentlich lieb, Gott, wann? Wann hast du dich jemals um uns gekümmert, Gott?

GOTT: Keiner glaubt mehr an mich. Du nicht, keiner. Ich bin der Gott, an den keiner mehr glaubt. Und um den sich keiner mehr kümmert. Ihr kümmert euch nicht um mich.

BECKMANN: Hat auch Gott Theologie studiert? Wer kümmert sich um wen? Ach, du bist alt, Gott, du bist unmodern, du kommst mit unsern langen Listen von Toten und Ängsten nicht mehr mit. Wir kennen dich nicht mehr so recht, du bist ein Märchenbuchliebergott. Heute brauchen wir einen neuen, weißt du, einen für unsere Angst und Not. Einen ganz neuen. O, wir haben dich gesucht, Gott, in jeder Ruine, in jedem Granattrichter, in jeder Nacht. Wir haben dich gerufen, Gott! Wir haben nach dir gebrüllt, geweint, geflucht! Wo warst du da, lieber Gott? Wo bist du heute abend? Hast du dich von uns gewandt? Hast du dich ganz in deine schönen alten Kirchen eingemauert, Gott? Hörst du unser Geschrei nicht durch die zerklirrten Fenster, Gott? Wo bist du?

GOTT: Meine Kinder haben sich von mir gewandt, nicht ich von ihnen. Ihr von mir, ihr von mir. Ich bin der Gott, an den keiner mehr glaubt. Ihr habt euch von mir gewandt.

BECKMANN: Geh weg, alter Mann. Du verdirbst mir meinen Tod. Geh weg, ich sehe, du bist nur ein weinerlicher Theologe. Du drehst die Sätze um: Wer kümmert sich um wen? Wer hat sich von wem gewandt! Ihr von mir? Wir von dir? Du bist tot, Gott. Sei lebendig, sei mit uns lebendig, nachts, wenn es kalt ist, einsam und wenn der Magen knurrt in der Stille – dann sei mit uns lebendig, Gott. Ach, geh weg, du bist ein tintenblütiger Theologe, geh weg, du bist weinerlich, alter Mann!

GOTT: Mein Junge, mein armer Junge. Ich kann es nicht ändern! Ich kann es doch nicht ändern!

BECKMANN: Ja, das ist es, Gott. Du kannst es nicht ändern. Wir fürchten dich nicht mehr, wir lieben nicht mehr.

Und du bist unmodern. Die Theologen haben dich alt werden lassen. Deine Hosen sind zerfranst, deine Sohlen durchlöchert und deine Stimme ist leise geworden – zu leise für den Donner unserer Zeit. Wir können dich nicht mehr hören.

GOTT: Nein, keiner hört mich, keiner mehr. Ihr seid zu laut!

BECKMANN: Oder bist du zu leise, Gott? Hast du zuviel Tinte im Blut, Gott, zuviel dünne Theologentinte? Geh, alter Mann, sie haben dich in den Kirchen eingemauert, wir hören einander nicht mehr. Geh, aber sieh zu, daß du vor Anbruch der restlosen Finsternis irgendwo ein Loch oder einen neuen Anzug findest oder einen dunklen Wald, sonst schieben sie dir nachher alles in die Schuhe, wenn es schief gegangen ist. Und fall nicht im Dunkeln, Alter Mann, der Weg ist sehr abschüssig und liegt voller Gerippe. Halt dir die Nase zu, Gott. Und dann schlaf auch gut, alter Mann, schlaf weiter so gut. Gute Nacht!

GOTT: Einen neuen Anzug oder einen dunklen Wald? Meine armen armen Kinder! Mein lieber Junge! –

BECKMANN: Ja, geh, gute Nacht!

GOTT: Meine armen, armen – – *(Er geht ab.)*

BECKMANN: Die alten Leute haben es heute am schwersten, die sich nicht mehr auf die neuen Verhältnisse umstellen können. Wir stehen alle draußen. Auch Gott steht draußen und keiner macht ihm mehr eine Tür auf. Nur der Tod, der Tod hat zuletzt doch eine Tür für uns. Und dahin bin ich unterwegs.

DER ANDERE: Du mußt nicht auf die Tür warten, die der Tod uns aufmacht. Das Leben hat tausend Türen. Wer verspricht dir, daß hinter der Tür des Todes mehr ist als nichts?

BECKMANN: Und was ist hinter den Türen, die das Leben uns aufmacht?

DER ANDERE: Das Leben! Das Leben selbst! Komm, du mußt weiter.

BECKMANN: Ich kann nicht mehr. Hörst du nicht, wie meine Lungen rasseln? Kchch – Kchch – Kchch. Ich kann nicht mehr.

DER ANDERE: Du kannst. Deine Lungen rasseln nicht.

BECKMANN: Meine Lungen rasseln. Was soll denn sonst so rasseln? Hör doch: Kchch – Kchch – Kchch – Was denn sonst?

DER ANDERE: Ein Straßenfegerbesen! Da, da kommt ein Straßenfeger. Kommt da an uns vorbei und sein Besen kratzt wie eine Asthmalunge über das Pflaster. Deine Lunge rasselt nicht. Hörst du? Das ist der Besen. Hör doch: Kchch – Kchch – Kchch.

BECKMANN: Der Straßenfegerbesen macht Kchch Kchch wie die Lunge eines der verröchelt. Und der Straßenfeger hat rote Streifen an den Hosen. Es ist ein Generalstraßenfeger. Ein deutscher Generalstraßenfeger. Und wenn der fegt, dann machen die rasselnden Sterbelungen: Kchch – Kchch – Kchch. Straßenfeger!

STRASSENFEGER: Ich bin kein Straßenfeger.

BECKMANN: Du bist kein Straßenfeger? Was bist du denn?

STRASSENFEGER: Ich bin ein Angestellter des Beerdigungsinstitutes Abfall und Verwesung.

BECKMANN: Du bist der Tod! Und du gehst als Straßenfeger?

STRASSENFEGER: Heute als Straßenfeger. Gestern als General. Der Tod darf nicht wählerisch sein. Tote gibt es überall. Und heute liegen sie sogar auf der Straße. Gestern lagen sie auf dem Schlachtfeld – da war der Tod General und die Begleitmusik spielte Xylophon. Heute liegen sie auf der Straße und der Besen des Todes macht Kchch Kchch.

BECKMANN: Und der Besen des Todes macht Kchch Kchch. Vom General zum Straßenfeger. Sind die Toten so im Kurs gesunken?

STRASSENFEGER: Sie sinken. Sie sinken. Kein Salut. Kein Sterbegeläut. Keine Grabrede. Kein Kriegerdenkmal. Sie sinken. Sie sinken. Und der Besen macht Kchch. Kchch.

BECKMANN: Mußt du schon weiter? Bleib doch hier. Nimm mich mit. Tod, Tod – du vergißt mich ja – Tod!

STRASSENFEGER: Ich vergesse keinen. Mein Xylophon spielt alte Kameraden. Und mein Besen macht Kchch Kchch Kchch. Ich vergesse keinen.

BECKMANN: Tod, Tod, laß mir die Tür offen. Tod, mach die Tür nicht zu. Tod –

STRASSENFEGER: Meine Tür steht immer offen. Immer. Morgens. Nachmittags. Nachts. Im Licht und im Nebel. Immer ist meine Tür offen. Immer. Überall. Und mein Besen macht Kchch. *(Das Kchch wird immer leiser. Der Tod geht ab.)*

BECKMANN: Kchch. Kchch. Hörst du, wie meine Lunge rasselt? Wie der Besen eines Straßenfegers. Und der Straßenfeger läßt die Tür weit offen. Und der Straßenfeger heißt Tod. Und sein Besen macht wie meine Lungen, wie eine alte heisere Uhr: Kchch. Kchch. Kchch.

DER ANDERE: Beckmann, steh auf, noch ist es Zeit. Komm, atme, atme dich gesund.

BECKMANN: Aber meine Lunge macht doch schon –

DER ANDERE: Deine Lunge macht das nicht. Das war der Besen. Beckmann, von einem Staatsbeamten.

BECKMANN: Von einem Staatsbeamten?

DER ANDERE: Ja, der ist längst vorbei. Komm, steh wieder auf, atme. Das Leben wartet mit tausend Laternen und tausend offenen Türen.

BECKMANN: Eine Tür, eine genügt. Und die läßt er offen, hat er gesagt, für mich, für immer, jederzeit. Eine Tür.

DER ANDERE: Steh auf, du träumst einen tödlichen Traum. Du stirbst an dem Traum. Steh auf.

BECKMANN: Nein, ich bleibe liegen. Hier vor der Tür. Und die Tür steht offen – hat er gesagt. Hier bleib ich liegen. Aufstehen soll ich? Nein ich träume doch gerade so schön, du. Einen ganz wunderschönen, schönen Traum. Ich träume, träume, daß alles aus ist. Ein Straßenfeger kam vorbei und der nannte sich Tod. Und sein Besen kratzte wie meine Lunge. Tödlich. Und der hat mir eine Tür versprochen, eine offene Tür. Straßenfeger können nette Leute sein. Nett wie der Tod. Und so ein Straßenfeger ging an mir vorbei.

DER ANDERE: Du träumst, du träumst einen bösen Traum. Wach auf, lebe!

BECKMANN: Leben? Ich liege doch auf der Straße, und alles, alles du, alles ist aus. Ich jedenfalls bin tot. Alles ist aus, und ich bin tot, schön tot.

DER ANDERE: Beckmann, Beckmann, du mußt leben. Alles lebt. Neben dir. Links, rechts, vor dir: die anderen. Und du? Wo bist du? Lebe, Beckmann, alles lebt!

BECKMANN: Die anderen? Wer ist das? Der Oberst? Der Direktor? Frau Kramer? Leben mit ihnen? O, ich bin so schön tot. Die anderen sind weit weg und ich will sie nie wieder sehen. Die anderen sind Mörder.

DER ANDERE: Beckmann, du lügst.

BECKMANN: Ich lüge? Sind sie nicht schlecht? Sind sie gut?

DER ANDERE: Du kennst die Menschen nicht. Sie sind gut.

BECKMANN: O, sie sind gut. Und in aller Güte haben sie mich umgebracht. Totgelacht, vor die Tür gesetzt. Davongejagt. In aller Menschgüte. Sie sind stur bis tief in ihre Träume hinein. Bis in den tiefsten Schlaf stur. Und sie gehen an meiner Leiche vorbei – stur bis in den Schlaf. Sie lachen und kauen und singen und schlafen und verdauen an meiner Leiche vorbei. Mein Tod ist nichts.

DER ANDERE: Du lügst, Beckmann!

BECKMANN: Doch, Jasager, die Leute gehen an meiner Leiche vorbei. Leichen sind langweilig und unangenehm.

DER ANDERE: Die Menschen gehen nicht an deinem Tod vorbei, Beckmann. Die Menschen haben ein Herz. Die Menschen trauern um deinen Tod, Beckmann, und deine Leiche liegt ihnen nachts noch lange im Wege, wenn sie einschlafen wollen. Sie gehen nicht vorbei.

BECKMANN: Doch, Jasager, das tun sie. Leichen sind häßlich und unangenehm. Sie gehen einfach schnell vorbei und halten die Nase und Augen zu.

DER ANDERE: Das tun sie nicht! Ihr Herz zieht sich zusammen bei jedem Toten!

BECKMANN: Paß auf, siehst du, da kommt schon einer.

Kennst du ihn noch? Es ist der Oberst, der mich mit seinem alten Anzug zum neuen Menschen machen wollte. Herr Oberst! Herr Oberst!

OBERST: Donnerwetter, gibt es denn schon wieder Bettler? Ist ja ganz wie früher.

BECKMANN: Eben, Herr Oberst, eben. Es ist alles ganz wie früher. Sogar die Bettler kommen aus denselben Kreisen. Aber ich bin garkein Bettler, Herr Oberst, nein. Ich bin eine Wasserleiche. Ich bin desertiert, Herr Oberst. Ich war ein ganz müder Soldat, Herr Oberst. Ich hieß gestern Unteroffizier Beckmann, Herr Oberst, erinnern Sie noch? Beckmann. Ich war 'n bißchen weich, nicht wahr, Herr Oberst, Sie erinnern? Ja, und morgen abend werde ich dumm und stumm und aufgedunsen an den Strand von Blankenese treiben. Gräßlich, wie, Herr Oberst? Und Sie haben mich auf Ihrem Konto, Herr Oberst. Gräßlich, wie? Zweitausendundelf plus Beckmann, macht Zweitausendundzwölf. Zweitausendundzwölf nächtliche Gespenster, uha!

OBERST: Ich kenne Sie doch gar nicht, Mann. Nie von einem Beckmann gehört. Was hatten Sie denn für 'n Dienstgrad?

BECKMANN: Aber, Herr Oberst! Herr Oberst werden sich doch noch an seinen letzten Mord erinnern! Der mit der Gasmaskenbrille und der Sträflingsfrisur und dem steifen Bein! Beckmann, Unteroffizier Beckmann, Herr Oberst.

OBERST: Richtig! Der! Sehen Sie, diese unteren Dienstgrade sind durch die Bank doch alle verdächtig. Torfköppe, Räsonneure, Pazifisten, Wasserleichenaspiranten. Sie haben sich ersoffen? Ja, war'n einer von denen, die ein bißchen verwildert sind im Krieg, 'n bißchen entmenschlicht, ohne jegliche soldatische Tugend. Unschöner Anblick, sowas.

BECKMANN: Ja, nicht wahr, Herr Oberst, unschöner Anblick, diese vielen dicken weißen weichen Wasserleichen heutzutage. Und Sie sind der Mörder, Herr Oberst, Sie! Halten Sie das eigentlich aus, Herr Oberst, Mörder zu sein? Wie fühlen Sie sich so als Mörder? Herr Oberst?

OBERST: Wieso? Bitte? Ich?

BECKMANN: Doch, Herr Oberst, Sie haben mich in den Tod gelacht. Ihr Lachen war grauenhafter als alle Tode der Welt, Herr Oberst. Sie haben mich totgelacht, Herr Oberst!

OBERST *(völlig verständnislos)*: So? Na ja, war'n einer von denen, die sowieso vor die Hunde gegangen wären. Na, guten Abend!

BECKMANN: Angenehme Nachtruhe, Herr Oberst! Und vielen Dank für den Nachruf! Hast du gehört, Jasager, Menschenfreund: Nachruf auf einen ertrunkenen Soldaten. Epilog eines Menschen für einen Menschen.

DER ANDERE: Du träumst, Beckmann, du träumst. Die Menschen sind gut!

BECKMANN: Du bist ja so heiser, du optimistischer Tenor! Hat es dir die Stimme verschlagen? Oh ja, die Menschen sind gut. Aber manchmal gibt es Tage, da trifft man andauernd die paar schlechten, die es gibt. Aber so schlimm sind die Menschen nicht. Ich träume ja nur. Ich will nicht ungerecht sein. Die Menschen sind gut. Nur sind sie so furchtbar verschieden, das ist es, so unbegreiflich verschieden. Der eine Mensch ist ein Oberst, während der andere eben nur ein niederer Dienstgrad ist. Der Oberst ist satt, gesund und hat eine wollene Unterhose an. Abends hat er ein Bett und eine Frau.

DER ANDERE: Beckmann, träume nicht weiter! Steh auf! Lebe! Du träumst alles schief.

BECKMANN: Und der andere, der hungert, der humpelt und hat nicht mal ein Hemd. Abends hat er einen alten Liegestuhl als Bett und das Pfeifen der asthmatischen Ratten ersetzt ihm in seinem Keller das Geflüster seiner Frau. Nein, die Menschen sind gut. Nur verschieden sind sie, ganz außerordentlich voneinander verschieden.

DER ANDERE: Die Menschen sind gut. Sie sind nur so ahnungslos. Immer sind sie so ahnungslos. Aber ihr Herz. Sieh in ihr Herz – ihr Herz ist gut. Nur das Leben läßt es nicht zu, daß sie ihr Herz zeigen. Glaube doch, im Grunde sind sie alle gut.

BECKMANN: Natürlich. Im Grunde. Aber der Grund ist meistens so tief. Du, so unbegreiflich tief. Ja, im Grunde sind sie gut – nur verschieden eben. Einer ist weiß und der andere grau. Einer hat 'ne Unterhose, der andere nicht. Und der Graue ohne Unterhose, das bin ich. Pech gehabt, Wasserleiche Beckmann, Unteroffizier a. D. Mitmensch a. D.

DER ANDERE: Du träumst, Beckmann, steh auf. Lebe! Komm, sieh, die Menschen sind gut.

BECKMANN: Und sie gehn an meiner Leiche vorbei und kauen und lachen und spucken und verdauen. So gehen sie an meinem Tod vorbei, die guten Guten.

DER ANDERE: Wach auf, Träumer. Du träumst einen schlechten Traum, Beckmann, wach auf!

BECKMANN: Oh ja, ich träume einen schaurigen schlechten Traum. Da, da kommt der Direktor von dem Kabarett. Soll ich mit ihm ein Interview machen, Antworter?

DER ANDERE: Komm, Beckmann! Lebe! Die Straße ist voller Laternen. Alles lebt! Lebe mit!

BECKMANN: Soll ich mitleben? Mit wem? Mit dem Obersten? Nein!

DER ANDERE: Mit den andern, Beckmann. Lebe mit den andern.

BECKMANN: Auch mit dem Direktor?

DER ANDERE: Auch mit ihm. Mit allen.

BECKMANN: Gut. Auch mit dem Direktor. Hallo, Herr Direktor!

DIREKTOR: Wie? Ja? Was ist?

BECKMANN: Kennen Sie mich?

DIREKTOR: Nei – doch, warten Sie mal. Gasmaskenbrille, Russenfrisur, Soldatenmantel. Ja, der Anfänger mit dem Ehebruchchanson! Wie hießen Sie denn gleich?

BECKMANN: Beckmann.

DIREKTOR: Richtig. Na, und?

BECKMANN: Sie haben mich ermordet, Herr Direktor.

DIREKTOR: Aber, mein Lieber –

BECKMANN: Doch. Weil Sie feige waren. Weil Sie die Wahrheit verraten haben. Sie haben mich in die nasse Elbe getrieben, weil Sie dem Anfänger keine Chance gaben, anzufangen. Ich wollte arbeiten. Ich hatte Hunger. Aber Ihre Tür ging hinter mir zu. Sie haben mich in die Elbe gejagt, Herr Direktor.

DIREKTOR: Müssen ja ein sensibler Knabe gewesen sein. Laufen in die Elbe, in die nasse …

BECKMANN: In die nasse Elbe, Herr Direktor. Und da habe ich mich mit Elbwasser vollaufen lassen, bis ich satt war.

Einmal satt, Herr Direktor, und dafür tot. Tragisch, was? Wär das nicht ein Schlager für Ihre Revue? Chanson der Zeit: Einmal satt und dafür tot!

DIREKTOR *(sentimental, aber doch sehr oberflächlich)*: Das ist ja schaurig! Sie war'n einer von denen, die ein bißchen sensibel sind. Unangebracht heute, durchaus fehl am Platz. Sie waren ganz wild auf die Wahrheit versessen. Sie kleiner Fanatiker! Hätten mir das ganze Publikum kopfscheu gemacht mit Ihrem Gesang.

BECKMANN: Und da haben Sie mir die Tür zugeschlagen, Herr Direktor. Und da unten lag die Elbe.

DIREKTOR: Die Elbe, ja. Ersoffen. Aus. Arme Sau. Vom Leben überfahren, erdrückt und breitgewalzt. Einmal satt und dafür tot. Ja, wenn wir alle so empfindlich sein wollten!

BECKMANN: Aber das sind wir ja nicht, Herr Direktor. So empfindlich sind wir ja nicht ...

DIREKTOR: Weißgott nicht, nein. Sie waren eben einer von denen, von den Millionen, die nun mal humpelnd durchs Leben müssen und froh sind, wenn sie fallen. In die Elbe, in die Spree, in die Themse – wohin, ist egal. Eher haben sie doch keine Ruhe.

BECKMANN: Und Sie haben mir den Fußtritt gegeben, damit ich fallen konnte.

DIREKTOR: Unsinn! Wer sagt denn das? Sie waren prädestiniert für tragische Rollen. Aber der Stoff ist toll! Ballade eines Anfängers: Die Wasserleiche mit der Gasmaskenbrille! Schade, daß das Publikum sowas nicht sehen will. Schade ... *(Ab.)*

BECKMANN: Angenehme Nachtruhe, Herr Direktor!

Hast du das gehört? Soll ich weiterleben mit dem

Herrn Oberst? Und weiterleben mit dem Herrn Direktor?

DER ANDERE: Du träumst, Beckmann, wach auf.

BECKMANN: Träum ich? Seh ich alles verzerrt durch diese elende Gasmaskenbrille? Sind alles Marionetten, groteske, karikierte Menschenmarionetten? Hast du den Nachruf gehört, den mein Mörder mir gewidmet hat? Epilog auf einen Anfänger: Auch einer von denen – Du, Anderer! Soll ich leben bleiben? Soll ich weiterhumpeln auf der Straße? Neben den anderen? Sie haben alle dieselben gleichgültigen entsetzlichen Visagen. Und sie reden alle so unendlich viel und wenn man dann um ein einziges Ja bittet, sind sie stumm und dumm, wie – ja, eben wie die Menschen. Und feige sind sie. Sie haben uns verraten. So furchtbar verraten. Wie wir noch ganz klein waren, da haben sie Krieg gemacht. Und als wir größer waren, da haben sie vom Krieg erzählt. Begeistert. Immer waren sie begeistert. Und als wir dann noch größer waren, da haben sie sich auch für uns einen Krieg ausgedacht. Und da haben sie uns dann hingeschickt. Und sie waren begeistert. Immer waren sie begeistert. Und keiner hat uns gesagt, wo wir hingingen. Keiner hat uns gesagt, ihr geht in die Hölle. Oh nein, keiner. Sie haben Marschmusik gemacht und Langemarckfeiern. Und Kriegsgerichte und Aufmarschpläne. Und Heldengesänge und Blutorden. So begeistert waren sie. Und dann war der Krieg endlich da. Und dann haben sie uns hingeschickt. Und sie haben uns nichts gesagt. Nur – Macht's gut, Jungens! haben sie gesagt. Macht's gut, Jungens! So haben sie uns verraten. So furchtbar verraten. Und jetzt sitzen sie hinter ihren Türen, Herr Studienrat,

Herr Direktor, Herr Gerichtsrat, Herr Oberarzt. Jetzt hat uns keiner hingeschickt. Nein, keiner. Alle sitzen sie jetzt hinter ihren Türen. Und ihre Tür haben sie fest zu. Und wir stehen draußen. Und von ihren Kathedern und von ihren Sesseln zeigen sie mit dem Finger auf uns. So haben sie uns verraten. So furchtbar verraten. Und jetzt gehen sie an ihrem Mord vorbei, einfach vorbei. Sie gehn an ihrem Mord vorbei.

DER ANDERE: Sie gehn nicht vorbei, Beckmann. Du übertreibst. Du träumst. Sieh auf das Herz, Beckmann. Sie haben ein Herz! Sie sind gut!

BECKMANN: Aber Frau Kramer geht an meiner Leiche vorbei.

DER ANDERE: Nein! Auch sie hat ein Herz!

BECKMANN: Frau Kramer!

FRAU KRAMER: Ja?

BECKMANN: Haben Sie ein Herz, Frau Kramer? Wo hatten Sie Ihr Herz, Frau Kramer, als Sie mich ermordeten? Doch, Frau Kramer, Sie haben den Sohn von den alten Beckmanns ermordet. Haben Sie nicht auch seine Eltern mit erledigt? Wie? Na, ehrlich, Frau Kramer, so ein bißchen nachgeholfen, ja? Ein wenig das Leben sauer gemacht, nicht wahr? Und dann den Sohn in die Elbe gejagt – aber Ihr Herz, Frau Kramer, was sagt Ihr Herz?

FRAU KRAMER *(wohl schnodderig, aber durchaus ehrlich)*: Sie mit der ulkigen Brille sind in die Elbe gemacht? Daß ich mir das nicht gedacht hab. Kamen mir gleich so melancholisch vor, Kleiner: Macht sich in die Elbe! Armer Bengel! Nein aber auch!

BECKMANN: Ja, weil Sie mir so herzlich und innig taktvoll

das Ableben meiner Eltern vermittelten. Ihre Tür war die letzte. Und Sie ließen mich draußen stehn. Und ich hatte Tausend Tage, tausend sibirische Nächte auf diese Tür gehofft. Sie haben einen kleinen Mord nebenbei begangen, nicht wahr?

FRAU KRAMER *(robust, um nicht zu heulen)*: Es gibt eben Figuren, die haben egal Pech. Sie waren einer von denen. Sibirien. Gashahn. Ohlsdorf. War wohl 'n bißchen happig. Geht mir ans Herz, aber wo kommt man hin, wenn man alle Leute beweinen wollte! Sie sahen gleich so finster aus, Junge. So ein Bengel! Aber das darf uns nicht kratzen, sonst wird uns noch das bißchen Margarine schlecht, das man auf Brot hat. Macht einfach davon ins Gewässer. Ja, man erlebt was! Jeden Tag macht sich einer davon.

BECKMANN: Ja, ja, leben Sie wohl, Frau Kramer!
Hast du gehört, Anderer? Nachruf einer alten Frau mit Herz auf einen jungen Mann. Hast du gehört, schweigsamer Antworter?

DER ANDERE: Wach – auf – Beckmann –

BECKMANN: Du sprichst ja plötzlich so leise. Du stehst ja plötzlich so weit ab.

DER ANDERE: Du träumst einen tödlichen Traum, Beckmann. Wach auf! Lebe! Nimm dich nicht so wichtig. Jeden Tag wird gestorben. Soll die Ewigkeit voll Trauergeschrei sein? Lebe! Iß dein Margarinebrot, lebe! Das Leben hat tausend Zipfel. Greif zu! Steh auf!

BECKMANN: Ja, ich stehe auf. Denn da kommt meine Frau. Meine Frau ist gut. Nein, sie bringt ihren Freund mit. Aber sie war früher doch gut. Warum bin ich auch drei Jahre in Sibirien geblieben? Sie hat drei Jahre gewartet, das weiß ich, denn sie war immer gut zu mir. Die Schuld habe ich. Aber sie war gut. Ob sie heute noch gut ist?

DER ANDERE: Versuch es! Lebe!

BECKMANN: Du! Erschrick nicht, ich bin es. Sieh mich doch an! Dein Mann. Beckmann, ich. Du, ich hab mir das Leben genommen, Frau. Das hättest du nicht tun sollen, du, das mit dem andern. Ich hatte doch nur dich! Du hörst mich ja garnicht! Du! Ich weiß, du hast zu lange warten müssen. Aber sei nicht traurig, mir geht es jetzt gut. Ich bin tot. Ohne dich wollte ich nicht mehr! Du! Sieh mich doch an! Du! *(Die Frau geht in enger Umarmung mit ihrem Freund langsam vorbei, ohne Beckmann zu hören.)*

Du! Du warst doch meine Frau! Sieh mich doch an, du hast mich doch umgebracht, dann kannst du mich doch noch mal ansehen! Du, du hörst mich ja garnicht! Du hast mich doch ermordet, du – und jetzt gehst du einfach vorbei? Du, warum hörst du mich denn nicht? *(Die Frau ist mit dem Freund vorbeigegangen.)* Sie hat mich nicht gehört. Sie kennt mich schon nicht mehr. Bin ich schon so lange tot? Sie hat mich vergessen, und ich bin erst einen Tag tot. So gut, oh, so gut sind die Menschen! Und du? Jasager, Hurraschreier, Antworter?! Du sagst ja nichts! Du stehst ja so weit ab. Soll ich weiter leben? Deswegen bin ich von Sibirien gekommen! Und du, du sagst, ich soll leben! Alle Türen links und rechts der Straße sind zu. Alle Laternen sind ausgegangen, alle. Und man kommt nur vorwärts, weil man fällt! Und du sagst, ich soll weiterfallen? Hast du nicht noch einen Fall für mich, den ich tun kann? Geh nicht so weit weg, Schweigsamer du, hast du noch eine Laterne für mich in der Finsternis? Rede, du weißt doch sonst immer so viel!!

DER ANDERE: Da kommt das Mädchen, das dich aus der Elbe gezogen hat, das dich gewärmt hat. Das Mädchen, Beckmann, das dich gewärmt hat. Das Mädchen, Beckmann, das deinen dummen Kopf küssen wollte. Sie geht nicht an deinem Tod vorbei. Sie hat dich überall gesucht.

BECKMANN: Nein! Sie hat mich nicht gesucht! Kein Mensch hat mich gesucht! Ich will nicht immer wieder daran glauben. Ich kann nicht mehr fallen, hörst du! Mich sucht kein Mensch!

DER ANDERE: Das Mädchen hat dich überall gesucht!

BECKMANN: Jasager, du quälst mich! Geh weg!

MÄDCHEN *(ohne ihn zu sehen)*: Fisch! Fisch! Wo bist du? Kleiner kalter Fisch!

BECKMANN: Ich? Ich bin tot.

MÄDCHEN: Oh, du bist tot? Und ich suche dich auf der ganzen Welt!

BECKMANN: Warum suchst du mich?

MÄDCHEN: Warum? Weil ich dich liebe, armes Gespenst! Und nun bist du tot? Ich hätte dich so gerne geküßt, kalter Fisch!

BECKMANN: Stehn wir nur auf und gehn weiter, weil die Mädchen nach uns rufen? Mädchen?

MÄDCHEN: Ja, Fisch?

BECKMANN: Wenn ich nun nicht tot wäre?

MÄDCHEN: Oh, dann würden wir zusammen nach Hause gehen, zu mir. Ja, sei wieder lebendig, kleiner kalter Fisch! Für mich. Mit mir. Komm, wir wollen zusammen lebendig sein.

BECKMANN: Soll ich leben? Hast du mich wirklich gesucht?

MÄDCHEN: Immerzu. Dich! Und nur dich. Die ganze Zeit über dich. Ach, warum bist du tot, armes graues Gespenst? Willst du nicht mit mir lebendig sein?

BECKMANN: Ja, ja, ja. Ich komme mit. Ich will mit dir lebendig sein!

MÄDCHEN: Oh, mein Fisch!

BECKMANN: Ich steh auf. Du bist die Lampe, die für mich brennt. Für mich ganz allein. Und wir wollen zusammen lebendig sein. Und wir wollen ganz dicht nebeneinander gehen auf der dunklen Straße. Komm, wir wollen miteinander lebendig sein und ganz dicht sein – – –

MÄDCHEN: Ja, ich brenne für dich ganz allein auf der dunklen Straße.

BECKMANN: Du brennst, sagst du? Was ist denn das? Aber es wird ja alles ganz dunkel! Wo bist du denn? *(Man hört ganz weit ab das Teck-tock des Einbeinigen.)*

MÄDCHEN: Hörst du? Der Totenwurm klopft – ich muß weg, Fisch, ich muß weg, armes kaltes Gespenst.

BECKMANN: Wo willst du denn hin? Bleib hier! Es ist ja auf einmal alles so dunkel! Lampe, kleine Lampe! Leuchte! Wer klopft da? Da klopft doch einer! Teck – tock – teck – tock! Wer hat denn noch so geklopft? Da – Teck – tock – teck – tock! Immer lauter! Immer näher! Teck – tock – teck – tock! *(Schreit.)* Da!! *(Flüstert.)* Der Riese! Der Riese, der einbeinige Riese mit seinen beiden Krücken. Teck – tock – er kommt näher! Teck – tock – er kommt auf mich zu! Teck – tock – teck – tock!!! *(Schreit.)*

DER EINBEINIGE *(ganz sachlich und abgeklärt)*: Beckmann?

BECKMANN *(leise)*: Hier bin ich.

DER EINBEINIGE: Du lebst noch, Beckmann? Du hast doch einen Mord begangen, Beckmann. Und du lebst immer noch?

BECKMANN: Ich habe keinen Mord begangen!

DER EINBEINIGE: Doch, Beckmann. Wir werden jeden Tag ermordet und jeden Tag begehen wir einen Mord. Wir gehen jeden Tag an einem Mord vorbei. Und du hast mich ermordet, Beckmann. Hast du das schon vergessen? Ich war doch drei Jahre in Sibirien, Beckmann, und gestern abend wollte ich nach Hause. Aber mein Platz war besetzt – du warst da, Beckmann, auf meinem Platz. Da bin ich in die Elbe gegangen, Beckmann, gleich gestern abend. Wo sollte ich auch anders hin, nicht, Beckmann? Du, die Elbe war kalt und naß. Aber nun habe ich mich schon gewöhnt, nun bin ich ja tot. Daß du das so schnell vergessen konntest, Beckmann. Einen Mord vergißt man doch nicht so schnell. Der muß einem doch nachlaufen, Beckmann. Ja, ich habe einen Fehler gemacht, du. Ich hätte nicht nach Hause kommen dürfen. Zu Hause war kein Platz mehr für mich, Beckmann, denn da warst du. Ich klage dich nicht an, Beckmann, wir morden ja alle, jeden Tag, jede Nacht. Aber wir wollen doch unsere Opfer nicht so schnell vergessen. Wir wollen doch an unseren Morden nicht vorbeigehen. Ja, Beckmann, du hast mir meinen Platz weggenommen. Auf meinem Sofa, bei meiner Frau, bei meiner meiner Frau, von der ich drei Jahre lang geträumt hatte, tausend sibirische Nächte! Zu Hause war ein Mann, der hatte mein Zeug an, Beckmann, das war ihm viel zu groß, aber er hatte es an und ihm war wohl und warm in dem Zeug und bei meiner Frau. Und du, du warst der Mann, Beckmann. Na, ich habe mich dann verzogen. In die Elbe. War ziemlich kalt, Beckmann, aber man gewöhnt sich bald. Jetzt bin ich erst einen ganzen Tag tot – und du hast mich ermordet und hast den Mord schon vergessen. Das mußt du nicht, Beckmann, Morde darf man nicht vergessen, das tun die Schlechten. Du vergißt mich doch nicht, Beckmann, nicht wahr? Das mußt du mir versprechen, daß du deinen Mord nicht vergisst!

BECKMANN: Ich vergesse dich nicht.

DER EINBEINIGE: Das ist schön von dir, Beckmann. Dann kann man doch in Ruhe tot sein, wenn wenigstens einer an mich denkt, wenigstens mein Mörder – hin und wieder nur – nachts manchmal, Beckmann, wenn du nicht schlafen kannst! Dann kann ich wenigstens in aller Ruhe tot sein – – – *(Geht ab.)*

BECKMANN *(wacht auf)*: Teck – tock – teck – tock!!! Wo bin ich? Hab ich geträumt? Bin ich denn nicht tot? Bin ich denn immer noch nicht tot? Teck – tock – teck – tock durch das ganze Leben! Teck – tock – durch den ganzen Tod hindurch! Teck – tock – teck – tock! Hörst du den Totenwurm? Und ich, ich soll leben! Und jede Nacht wird einer Wache stehen an meinem Bett und ich werde seinen Schritt nicht los: Teck – tock – teck – tock! Nein! Das ist das Leben! Ein Mensch ist da, und der Mensch kommt nach Deutschland, und der Mensch friert. Der hungert und der humpelt! Ein Mann kommt nach Deutschland! Er kommt nach Hause und da ist sein Bett besetzt. Eine Tür schlägt zu und er steht draußen.
Ein Mann kommt nach Deutschland! Er findet ein Mädchen, aber das Mädchen hat einen Mann, der hat nur ein

Bein und der stöhnt andauernd einen Namen. Und der Name heißt Beckmann. Eine Tür schlägt zu und er steht draußen.
Ein Mann kommt nach Deutschland! Er sucht Menschen, aber ein Oberst lacht sich halbtot. Eine Tür schlägt zu und er steht wieder draußen.
Ein Mann kommt nach Deutschland! Er sucht Arbeit, aber ein Direktor ist feige und die Tür schlägt zu und wieder steht er draußen.
Ein Mann kommt nach Deutschland! Er sucht seine Eltern, aber eine alte Frau trauert um das Gas und die Tür schlägt zu und er steht draußen.
Ein Mann kommt nach Deutschland! Und dann kommt der Einbeinige – teck – tock – teck – kommt er, teck – tock, und der Einbeinige sagt: Beckmann. Sagt immerzu: Beckmann. Er atmet Beckmann, er schnarcht Beckmann, er stöhnt Beckmann, er schreit, er flucht, er betet Beckmann. Und er geht durch das Leben seines Mörders teck – tock – teck – tock! Und der Mörder bin ich. Ich? Der Gemordete, ich, den Sie gemordet haben, ich bin der Mörder? Wer schützt uns davor, daß wir nicht Mörder werden? Wir werden jeden Tag ermordet und jeden Tag begehen wir einen Mord! Wir gehen jeden Tag an einem Mord vorbei! Und der Mörder Beckmann hält das nicht mehr aus, gemordet zu werden und Mörder zu sein. Und er schreit der Welt ins Gesicht: Ich sterbe! Und dann liegt er irgendwo auf der Straße, der Mann, der nach Deutschland kam, und stirbt. Früher lagen Zigarettenstummel, Apfelsinenschalen und Papier auf der Straße, heute sind es Menschen, das sagt weiter nichts. Und dann kommt ein Straßenfeger, ein deutscher Straßenfe-

ger in Uniform und mit roten Streifen, von der Firma Abfall und Verwesung, und findet den gemordeten Mörder Beckmann. Verhungert, erfroren, liegengeblieben. Im 20. Jahrhundert. Im 5. Jahrzehnt. Auf der Straße. In Deutschland. Und die Menschen gehen an dem Tod vorbei, achtlos, resigniert, blasiert, angeekelt, und gleichgültig, gleichgültig, so gleichgültig! Und der Tote fühlt tief in seinen Traum hinein, daß sein Tod gleich war wie sein Leben: sinnlos, unbedeutend, grau. Und du – du sagst, ich soll leben! Wozu? Für wen? Für was? Hab ich kein Recht auf meinen Tod? Hab ich kein Recht auf meinen Selbstmord? Soll ich mich weiter morden lassen und weiter morden? Wohin soll ich denn? Wovon soll ich leben? Mit wem? Für was? Wohin sollen wir denn auf dieser Welt! Verraten sind wir. Furchtbar verraten.

Wo bist du, Anderer? Du bist sonst immer da!

Wo bist du jetzt, Jasager? Jetzt antworte mir? Jetzt brauche ich dich, Antworter! Wo bist du denn? Du bist ja plötzlich nicht mehr da! Wo bist du, Antworter, wo bist du, der mir den Tod nicht gönnte!

Wo ist denn der alte Mann, der sich Gott nennt?

Wo seid ihr denn alle?

Warum redet ihr denn nicht!!

Gebt doch Antwort!

Warum schweigt ihr denn! Warum?

Gibt denn keiner eine Antwort!

Gibt keiner Antwort??

Gibt denn keiner, keiner Antwort???

ENDE.

Prosa

Generation ohne Abschied

Wir sind die Generation ohne Bindung und ohne Tiefe. Unsere Tiefe ist Abgrund. Wir sind die Generation ohne Glück, ohne Heimat und ohne Abschied. Unsere Sonne ist schmal, unsere Liebe grausam und unsere Jugend ist ohne Jugend. Und wir sind die Generation ohne Grenze, ohne Hemmung und Behütung – ausgestoßen aus dem Laufgitter des Kindseins in eine Welt, die die uns bereitet, die uns darum verachten.

Aber sie gaben uns keinen Gott mit, der unser Herz hätte halten können, wenn die Winde dieser Welt es umwirbelten. So sind wir die Generation ohne Gott, denn wir sind die Generation ohne Bindung, ohne Vergangenheit, ohne Anerkennung.

Und die Winde der Welt, die unsere Füße und unsere Herzen zu Zigeunern auf ihren heißbrennenden und mannshoch verschneiten Straßen gemacht haben, machten uns zu einer Generation ohne Abschied.

Wir sind die Generation ohne Abschied. Wir können keinen Abschied leben, wir dürfen es nicht, denn unserm zigeunernden Herzen geschehen auf den Irrfahrten unserer Füße unendliche Abschiede. Oder soll sich unser Herz binden für eine Nacht, die doch einen Abschied zum Morgen hat? Ertrügen wir den Abschied? Und wollten wir die Abschiede leben wie ihr, die anders sind als wir und den Abschied auskosteten mit allen Sekunden, dann könnte es geschehen, daß unsere Tränen zu einer Flut ansteigen würden, der keine Dämme, und wenn sie von Urvätern gebaut wären, widerstehen.

Nie werden wir die Kraft haben, den Abschied, der neben jedem Kilometer an den Straßen steht, zu leben, wie ihr ihn gelebt habt.

Sagt uns nicht, weil unser Herz schweigt, unser Herz hätte keine Stimme, denn es spräche keine Bindung und keinen Abschied. Wollte unser Herz jeden Abschied, der uns geschieht, durchbluten, innig, trauernd, tröstend, dann könnte es geschehen, denn unsere Abschiede sind eine Legion gegen die euren, daß der Schrei unserer empfindlichen Herzen so groß wird, daß ihr nachts in euren Betten sitzt und um einen Gott für uns bittet.

Darum sind wir eine Generation ohne Abschied. Wir verleugnen den Abschied, lassen ihn morgens schlafend, wenn wir gehen, verhindern ihn, sparen ihn – sparen ihn uns und den Verabschiedeten. Wir stehlen uns davon wie Diebe, undankbar dankbar, und nehmen die Liebe mit und lassen den Abschied da.

Wir sind voller Begegnungen, Begegnungen ohne Dauer und ohne Abschied, wie die Sterne. Sie nähern sich, stehen Lichtsekunden nebeneinander, entfernen sich wieder: ohne Spur, ohne Bindung, ohne Abschied.

Wir begegnen uns unter der Kathedrale von Smolensk, wir sind ein Mann und eine Frau – und dann stehlen wir uns davon.

Wir begegnen uns in der Normandie und sind wie Eltern und Kind – und dann stehlen wir uns davon.

Wir begegnen uns eine Nacht am finnischen See und sind Verliebte – und dann stehlen wir uns davon.

Wir begegnen uns auf einem Gut in Westfalen und sind Genießende und Genesende – und dann stehlen wir uns davon.

Wir begegnen uns in einem Keller der Stadt und sind

Hungernde, Müde, und bekommen für nichts einen guten satten Schlaf – und dann stehlen wir uns davon.

Wir begegnen uns auf der Welt und sind Mensch mit Mensch – und dann stehlen wir uns davon, denn wir sind ohne Bindung, ohne Bleiben und ohne Abschied. Wir sind eine Generation ohne Abschied, die sich davonstiehlt wie Diebe, weil sie Angst hat vor dem Schrei ihres Herzens. Wir sind eine Generation ohne Heimkehr, denn wir haben nichts, zu dem wir heimkehren könnten, und wir haben keinen, bei dem unser Herz aufgehoben wäre – so sind wir eine Generation ohne Abschied geworden und ohne Heimkehr.

Aber wir sind eine Generation der Ankunft. Vielleicht sind wir eine Generation voller Ankunft auf einem neuen Stern, in einem neuen Leben. Voller Ankunft unter einer neuen Sonne, zu neuen Herzen. Vielleicht sind wir voller Ankunft zu einem neuen Lieben, zu einem neuen Lachen, zu einem neuen Gott.

Wir sind eine Generation ohne Abschied, aber wir wissen, daß alle Ankunft uns gehört.

An diesem Dienstag

Die Woche hat einen Dienstag.
Das Jahr ein halbes Hundert.
Der Krieg hat viele Dienstage.

An diesem Dienstag

übten sie in der Schule die großen Buchstaben. Die Lehrerin hatte eine Brille mit dicken Gläsern. Die hatten keinen Rand. Sie waren so dick, daß die Augen ganz leise aussahen.

Zweiundvierzig Mädchen saßen vor der schwarzen Tafel und schrieben mit großen Buchstaben:

DER ALTE FRITZ HATTE EINEN TRINKBECHER AUS BLECH. DIE DICKE BERTA SCHOSS BIS PARIS. IM KRIEGE SIND ALLE VÄTER SOLDAT.

Ulla kam mit der Zungenspitze bis an die Nase. Da stieß die Lehrerin sie an. Du hast Krieg mit ch geschrieben, Ulla. Krieg wird mit g geschrieben. G wie bei Grube. Wie oft habe ich das schon gesagt. Die Lehrerin nahm ein Buch und machte einen Haken hinter Ullas Namen. Zu morgen schreibst du den Satz zehnmal ab, schön sauber, verstehst du? Ja, sagte Ulla und dachte: Die mit ihrer Brille.

Auf dem Schulhof fraßen die Nebelkrähen das weggeworfene Brot.

An diesem Dienstag

wurde Leutnant Ehlers zum Bataillonskommandeur befohlen.

Sie müssen den roten Schal abnehmen, Herr Ehlers.

Herr Major?

Doch, Ehlers. In der Zweiten ist sowas nicht beliebt.

Ich komme in die zweite Kompanie?

Ja, und die lieben sowas nicht. Da kommen Sie nicht mit durch. Die Zweite ist an das Korrekte gewöhnt. Mit dem roten Schal läßt die Kompanie Sie glatt stehen. Hauptmann Hesse trug sowas nicht.

Ist Hesse verwundet?

Nee, er hat sich krank gemeldet. Fühlte sich nicht gut, sagte er. Seit er Hauptmann ist, ist er ein bißchen flau geworden, der Hesse. Versteh ich nicht. War sonst immer so korrekt. Na ja, Ehlers, sehen Sie zu, daß Sie mit der Kompanie fertig werden. Hesse hat die Leute gut erzogen. Und den Schal nehmen Sie ab, klar?

'türlich, Herr Major.

Und passen Sie auf, daß die Leute mit den Zigaretten vorsichtig sind. Da muß ja jedem anständigen Scharfschützen der Zeigefinger jucken, wenn er diese Glühwürmchen herumschwirren sieht. Vorige Woche hatten wir fünf Kopfschüsse. Also passen Sie ein bißchen auf, ja?

Jawohl, Herr Major.

Auf dem Wege zur zweiten Kompanie nahm Leutnant Ehlers den roten Schal ab. Er steckte eine Zigarette an. Kompanieführer Ehlers, sagte er laut.

Da schoß es.

An diesem Dienstag

sagte Herr Hansen zu Fräulein Severin:

Wir müssen dem Hesse auch mal wieder was schicken, Severinchen. Was zu rauchen, was zu knabbern. Ein bißchen Literatur. Ein Paar Handschuhe oder sowas. Die Jungens haben einen verdammt schlechten Winter draußen. Ich kenne das. Vielen Dank.

Hölderlin vielleicht, Herr Hansen?

Unsinn, Severinchen, Unsinn. Nein, ruhig ein bißchen freundlicher. Wilhelm Busch oder so. Hesse war doch mehr für das Leichte. Lacht doch gern, das wissen Sie doch. Mein Gott, Severinchen, was kann dieser Hesse lachen!

Ja, das kann er, sagte Fräulein Severin.

An diesem Dienstag

trugen sie Hauptmann Hesse auf einer Bahre in die Entlausungsanstalt. An der Tür war ein Schild:

OB GENERAL, OB GRENADIER:
DIE HAARE BLEIBEN HIER.

Er wurde geschoren. Der Sanitäter hatte lange dünne Finger. Wie Spinnenbeine. An den Knöcheln waren sie etwas gerötet. Sie rieben ihn mit etwas ab, das roch nach Apotheke. Dann fühlten die Spinnenbeine nach seinem Puls und schrieben in ein dickes Buch: Temperatur 41,6. Puls 116. Ohne Besinnung. Fleckfieberverdacht. Der Sanitäter machte das dicke Buch zu. Seuchenlazarett Smolensk stand da drauf. Und darunter: Vierzehnhundert Betten.

Die Träger nahmen die Bahre hoch. Auf der Treppe pendelte sein Kopf aus den Decken heraus und immer hin und her bei jeder Stufe. Und kurzgeschoren. Und dabei hatte er immer über die Russen gelacht. Der eine Träger hatte Schnupfen.

An diesem Dienstag

klingelte Frau Hesse bei ihrer Nachbarin. Als die Tür aufging, wedelte sie mit dem Brief. Er ist Hauptmann geworden. Hauptmann und Kompaniechef, schreibt er. Und sie haben über 40 Grad Kälte. Neun Tage hat der Brief gedauert. An Frau Hauptmann Hesse hat er oben drauf geschrieben.

Sie hielt den Brief hoch. Aber die Nachbarin sah nicht hin. 40 Grad Kälte, sagte sie, die armen Jungs. 40 Grad Kälte.

An diesem Dienstag

fragte der Oberfeldarzt den Chefarzt des Seuchenlazarettes Smolensk: Wieviel sind es jeden Tag?

Ein halbes Dutzend.

Scheußlich, sagte der Oberfeldarzt.

Ja, scheußlich, sagte der Chefarzt.

Dabei sahen sie sich nicht an.

An diesem Dienstag

spielten sie die Zauberflöte. Frau Hesse hatte sich die Lippen rot gemacht.

An diesem Dienstag

schrieb Schwester Elisabeth an ihre Eltern: Ohne Gott hält man das gar nicht durch. Aber als der Unterarzt kam, stand sie auf. Er ging so krumm, als trüge er ganz Rußland durch den Saal.

Soll ich ihm noch was geben? fragte die Schwester.

Nein, sagte der Unterarzt. Er sagte das so leise, als ob er sich schämte.

Dann trugen sie Hauptmann Hesse hinaus. Draußen polterte es. Die bumsen immer so. Warum können sie die Toten nicht langsam hinlegen. Jedesmal lassen sie sie so auf die Erde bumsen. Das sagte einer. Und sein Nachbar sang leise:

Zicke zacke juppheidi
Schneidig ist die Infanterie.

Der Unterarzt ging von Bett zu Bett. Jeden Tag. Tag und Nacht. Tagelang. Nächte durch. Krumm ging er. Er trug ganz Rußland durch den Saal. Draußen stolperten zwei Krankenträger mit einer leeren Bahre davon. Nummer 4, sagte der eine. Er hatte Schnupfen.

An diesem Dienstag

saß Ulla abends und malte in ihr Schreibheft mit großen Buchstaben:

IM KRIEG SIND ALLE VÄTER SOLDAT.
IM KRIEG SIND ALLE VÄTER SOLDAT.

Zehnmal schrieb sie das. Mit großen Buchstaben. Und Krieg mit G. Wie Grube.

Die Küchenuhr

Sie sahen ihn schon von weitem auf sich zukommen, denn er fiel auf. Er hatte ein ganz altes Gesicht, aber wie er ging, daran sah man, daß er erst zwanzig war. Er setzte sich mit seinem alten Gesicht zu ihnen auf die Bank. Und dann zeigte er ihnen, was er in der Hand trug.

Das war unsere Küchenuhr, sagte er und sah sie alle der Reihe nach an, die auf der Bank in der Sonne saßen. Ja, ich habe sie noch gefunden. Sie ist übriggeblieben.

Er hielt eine runde tellerweiße Küchenuhr vor sich hin und tupfte mit dem Finger die blaugemalten Zahlen ab.

Sie hat weiter keinen Wert, meinte er entschuldigend, das weiß ich auch. Und sie ist auch nicht so besonders schön. Sie ist nur wie ein Teller, so mit weißem Lack. Aber die blauen Zahlen sehen doch ganz hübsch aus, finde ich. Die Zeiger sind natürlich nur aus Blech. Und nun gehen sie auch nicht mehr. Nein. Innerlich ist sie kaputt, das steht fest. Aber sie sieht noch aus wie immer. Auch wenn sie jetzt nicht mehr geht.

Er machte mit der Fingerspitze einen vorsichtigen Kreis auf dem Rand der Telleruhr entlang. Und er sagte leise: Und sie ist übriggeblieben.

Die auf der Bank in der Sonne saßen, sahen ihn nicht an. Einer sah auf seine Schuhe und die Frau sah in ihren Kinderwagen.

Dann sagte jemand:

Sie haben wohl alles verloren?

Ja, ja, sagte er freudig, denken Sie, aber auch alles! Nur sie hier, sie ist übrig. Und er hob die Uhr wieder hoch, als ob die anderen sie noch nicht kannten.

Aber sie geht doch nicht mehr, sagte die Frau.

Nein, nein, das nicht. Kaputt ist sie, das weiß ich wohl. Aber sonst ist sie doch noch ganz wie immer: weiß und blau. Und wieder zeigte er ihnen seine Uhr. Und was das Schönste ist, fuhr er aufgeregt fort, das habe ich Ihnen ja noch überhaupt noch nicht erzählt. Das Schönste kommt nämlich noch: Denken Sie mal, sie ist um halb drei stehengeblieben. Ausgerechnet um halb drei, denken Sie mal.

Dann wurde Ihr Haus sicher um halb drei getroffen, sagte der Mann und schob wichtig die Unterlippe vor. Das habe ich schon oft gehört. Wenn die Bombe runtergeht, bleiben die Uhren stehen. Das kommt von dem Druck.

Er sah seine Uhr an und schüttelte überlegen den Kopf. Nein, lieber Herr, nein, da irren Sie sich. Das hat mit den Bomben nichts zu tun. Sie müssen nicht immer von den Bomben reden. Nein. Um halb drei war ganz etwas anderes, das wissen Sie nur nicht. Das ist nämlich der Witz, daß sie gerade um halb drei stehengeblieben ist. Und nicht um viertel nach vier oder um sieben. Um halb drei kam ich nämlich immer nach Hause. Nachts, meine ich. Fast immer um halb drei. Das ist ja gerade der Witz.

Er sah die anderen an, aber die hatten ihre Augen von ihm weggenommen. Er fand sie nicht. Da nickte er seiner Uhr zu: Dann hatte ich natürlich Hunger, nicht wahr? Und ich ging immer gleich in die Küche. Da war es dann fast immer halb drei. Und dann, dann kam nämlich meine Mutter. Ich konnte noch so leise die Tür aufmachen, sie hat mich immer gehört. Und wenn ich in der dunklen Küche etwas zu essen suchte, ging plötzlich das Licht an. Dann stand sie da in ihrer Wolljacke und mit einem roten Schal um. Und barfuß. Immer barfuß. Und dabei war unsere Küche gekachelt. Und sie machte ihre Augen ganz klein, weil ihr das Licht so hell war. Denn sie hatte ja schon geschlafen. Es war ja Nacht.

So spät wieder, sagte sie dann. Mehr sagte sie nie. Nur: So spät wieder. Und dann machte sie mir das Abendbrot warm und sah zu, wie ich aß. Dabei scheuerte sie immer die Füße aneinander, weil die Kacheln so kalt waren. Schuhe zog sie nachts nie an. Und sie saß so lange bei mir, bis ich satt war. Und dann hörte ich sie noch die Teller wegsetzen, wenn ich in meinem Zimmer schon das Licht ausgemacht hatte. Jede Nacht war es so. Und meistens immer um halb drei. Das war ganz selbstverständlich, fand ich, daß sie mir nachts um halb drei in der Küche das Essen machte. Ich fand das ganz selbstverständlich. Sie tat das ja immer. Und sie hat nie mehr gesagt als: So spät wieder. Aber das sagte sie jedesmal. Und ich dachte, das könnte nie aufhören. Es war mir so selbstverständlich. Das alles war doch immer so gewesen.

Einen Atemzug lang war es ganz still auf der Bank. Dann sagte er leise: Und jetzt? Er sah die anderen an. Aber er fand sie nicht. Da sagte er der Uhr leise ins weißblaue runde Gesicht: Jetzt, jetzt weiß ich, daß es das Paradies war. Das richtige Paradies.

Auf der Bank war es ganz still. Dann fragte die Frau: Und Ihre Familie?

Er lächelte sie verlegen an: Ach, Sie meinen meine Eltern? Ja, die sind auch mit weg. Alles ist weg. Alles, stellen Sie sich vor. Alles weg.

Er lächelte verlegen von einem zum anderen. Aber sie sahen ihn nicht an.

Da hob er wieder die Uhr hoch und er lachte. Er lachte:

Nur sie hier. Sie ist übrig. Und das Schönste ist ja, daß sie ausgerechnet um halb drei stehengeblieben ist. Ausgerechnet um halb drei.

Dann sagte er nichts mehr. Aber er hatte ein ganz altes Gesicht. Und der Mann, der neben ihm saß, sah auf seine Schuhe. Aber er sah seine Schuhe nicht. Er dachte immerzu an das Wort Paradies.

Nachts schlafen die Ratten doch

Das hohle Fenster in der vereinsamten Mauer gähnte blaurot voll früher Abendsonne. Staubgewölke flimmerte zwischen den steifgereckten Schornsteinresten. Die Schuttwüste döste.

Er hatte die Augen zu. Mit einmal wurde es noch dunkler. Er merkte, daß jemand gekommen war und nun vor ihm stand, dunkel, leise. Jetzt holen sie mich! dachte er. Aber als er ein bißchen blinzelte, sah er nur zwei etwas ärmlich behoste Beine. Die standen ziemlich krumm vor ihm, daß er zwischen ihnen hindurchsehen konnte. Er riskierte ein kleines Geblinzel an den Hosenbeinen hoch und erkannte einen älteren Mann. Der hatte ein Messer und einen Korb in der Hand. Und etwas Erde an den Fingerspitzen.

Du schläfst hier wohl, was? fragte der Mann und sah von oben auf das Haargestrüpp herunter. Jürgen blinzelte zwischen den Beinen des Mannes hindurch in die Sonne und sagte: Nein, ich schlafe nicht. Ich muß hier aufpassen. Der Mann nickte: So, dafür hast du wohl den großen Stock da? Ja, antwortete Jürgen mutig und hielt den Stock fest. Worauf paßt du denn auf?

Das kann ich nicht sagen. Er hielt die Hände fest um den Stock. Wohl auf Geld, was? Der Mann setzte den Korb ab und wischte das Messer an seinem Hosenboden hin und her.

Nein, auf Geld überhaupt nicht, sagte Jürgen verächtlich. Auf ganz etwas anderes.

Na, was denn?

Ich kann es nicht sagen. Was anderes eben.

Na, denn nicht. Dann sag ich dir natürlich auch nicht,

was ich hier im Korb habe. Der Mann stieß mit dem Fuß an den Korb und klappte das Messer zu.

Pah, kann mir denken, was in dem Korb ist, meinte Jürgen geringschätzig, Kaninchenfutter.

Donnerwetter, ja! sagte der Mann verwundert, bist ja ein fixer Kerl. Wie alt bist du denn?

Neun.

Oha, denk mal an, neun also. Dann weißt du ja auch, wieviel drei mal neun sind, wie?

Klar, sagte Jürgen und um Zeit zu gewinnen, sagte er noch: Das ist ja ganz leicht. Und er sah durch die Beine des Mannes hindurch. Dreimal neun, nicht? fragte er noch mal, siebenundzwanzig. Das wußte ich gleich.

Stimmt, sagte der Mann, und genauso viel Kaninchen habe ich.

Jürgen machte einen runden Mund: Siebenundzwanzig?

Du kannst sie sehen. Viele sind noch ganz jung. Willst du?

Ich kann doch nicht. Ich muß doch aufpassen, sagte Jürgen unsicher.

Immerzu? fragte der Mann, nachts auch?

Nachts auch. Immerzu. Immer. Jürgen sah an den krummen Beinen hoch. Seit Sonnabend schon, flüsterte er.

Aber gehst du denn garnicht nach Hause? Du mußt doch essen.

Jürgen hob einen Stein hoch. Da lag ein halbes Brot. Und eine Blechschachtel.

Du rauchst? fragte der Mann, hast du denn eine Pfeife?

Jürgen faßte seinen Stock fest an und sagte zaghaft: Ich drehe. Pfeife kann ich nicht ab.

Schade, der Mann bückte sich zu seinem Korb, die Kaninchen hättest du ruhig mal ansehen können. Vor allem die Jungen. Vielleicht hättest du dir eines ausgesucht. Aber du kannst hier ja nicht weg.

Nein, sagte Jürgen traurig, nein nein.

Der Mann nahm den Korb hoch und richtete sich auf. Na ja, wenn du hierbleiben mußt – schade. Und er drehte sich um. Wenn du mich nicht verrätst, sagte Jürgen da schnell, es ist wegen den Ratten.

Die krummen Beine kamen einen Schritt zurück: Wegen den Ratten?

Ja, die essen doch von Toten. Von Menschen. Da leben sie doch von.

Wer sagt das?

Unser Lehrer.

Und du paßt nun auf die Ratten auf? fragte der Mann.

Auf die doch nicht! Und dann sagte er ganz leise: Mein Bruder, der liegt nämlich da unten. Da. Jürgen zeigte mit dem Stock auf die zusammengesackten Mauern. Unser Haus kriegte eine Bombe. Mit einmal war das Licht weg im Keller. Und er auch. Wir haben noch gerufen. Er war viel kleiner als ich. Erst vier. Er muß hier ja noch sein. Er ist doch viel kleiner als ich.

Der Mann sah von oben auf das Haargestrüpp. Aber dann sagte er plötzlich: Ja, hat euer Lehrer euch denn nicht gesagt, daß die Ratten nachts schlafen?

Nein, flüsterte Jürgen und sah mit einmal ganz müde aus, das hat er nicht gesagt.

Na, sagte der Mann, das ist aber ein Lehrer, wenn er das nicht mal weiß. Nachts schlafen die Ratten doch. Nachts kannst du ruhig nach Hause gehen. Nachts schlafen sie immer. Wenn es dunkel wird, schon.

Jürgen machte mit seinem Stock kleine Kuhlen in den Schutt. Lauter kleine Betten sind das, dachte er, alles kleine Betten. Da sagte der Mann (und seine krummen Beine waren ganz unruhig dabei): Weißt du was? Jetzt füttere ich schnell meine Kaninchen und wenn es dunkel wird, hole ich dich ab. Vielleicht kann ich eins mitbringen. Ein kleines, oder was meinst du?

Jürgen machte kleine Kuhlen in den Schutt. Lauter kleine Kaninchen. Weiße, graue, weißgraue. Ich weiß nicht, sagte er leise und sah auf die krummen Beine, wenn sie wirklich nachts schlafen.

Der Mann stieg über die Mauerreste weg auf die Straße. Natürlich, sagte er von da, euer Lehrer soll einpacken, wenn er das nicht mal weiß.

Da stand Jürgen auf und fragte: Wenn ich eins kriegen kann? Ein weißes vielleicht?

Ich will mal versuchen, rief der Mann schon im Weggehen, aber du mußt hier solange warten. Ich gehe dann mit dir nach Hause, weißt du? Ich muß deinem Vater doch sagen, wie so ein Kaninchenstall gebaut wird. Denn das müßt ihr ja wissen.

Ja, rief Jürgen, ich warte. Ich muß ja noch aufpassen, bis es dunkel wird. Ich warte bestimmt. Und er rief: Wir haben auch noch Bretter zu Hause. Kistenbretter, rief er.

Aber das hörte der Mann schon nicht mehr. Er lief mit seinen krummen Beinen auf die Sonne zu. Die war schon rot vom Abend und Jürgen konnte sehen, wie sie durch die Beine hindurchschien, so krumm waren sie. Und der Korb schwenkte aufgeregt hin und her. Kaninchenfutter war da drin. Grünes Kaninchenfutter, das war etwas grau vom Schutt.

Im Mai, im Mai schrie der Kuckuck

Toll sind die Märzmorgende am Strom, man liegt noch im Halbschlaf, gegen vier so, und die Schiffsungetüme blasen ihr vitales Saurier-Gestöhn unruhig über die Stadt hin, in den eisigrosigen Frühnebel, den sonnenüberhauchten Silberdampf des atmenden Flusses hinein, und in dem letzten Traum vor Tag, da träumt man dann nicht mehr von hellbeinigen schlafwarmen Mädchen, um vier so, im rosigen Frühnebel, im Geblase der Dampfer, in ihrem großmäuligen Uu-Gebrüll, am Strom morgens, da träumt man dann ganz andere Träume, nicht die von Schwarzbrot und Kaffee und kaltem Schmorbraten, nicht die von stammelnden strampelnden Mädchen, nein, dann träumt man die ganz anderen Träume, die ahnungsvollen, frühen, die letzten, die allgewaltigen, undeutbaren Träume, die träumt man an den tollen Märzmorgenden am Strom, früh, um vier so …

Toll sind die Novembernächte in den vereinsamten mausgrauen Städten, wenn aus blauschwarzen Vorstadtfernen die Lokomotiven herüberschrein, angstvoll, hysterisch, kühn und abenteuerlich, in den ersten kaum begonnenen Schlaf hinein, Lokomotivenschrei, lang, sehnsüchtig, unfaßbar, davon zieht man die Decke noch höher und drängt sich noch dichter an das nächtliche, zaubrische, heiße Tier, das Evelyn oder Hilde heißt, das in solchen Nächten, voll November und Lokomotivenschrei, vor Lust und Leid seine Sprache verliert, Tier wird, traumschweres, zuckendes, unersättliches Novemberlokomotiventier, denn toll, ach so toll sind im November die Nächte.

Das sind die Märzmorgenschreie, die Saurierschreie der Schiffe im Strom, das sind die novembernächtigen Lokomotivenschreie über silbrigem Geleise durch angstblaue Wälder – aber man kennt auch, man kennt auch die Klarinettenschreie an Septemberabenden, die aus schnaps- und parfumstinkenden Bars kommen, und die Aprilschreie der Katzen, die schaurigen, wollüstigen, und die Julischreie der sechzehnjährigen Mädchen, die über irgendein Brückengeländer rückwärts gebogen werden, bis ihnen die Augen übergehen, die lüstern erschrockenen, und die einsamen januareisigen Schreie der jungen Männer kennt man, Genieschreie über verdorbenen Dramen und verkommenen Blumengedichten:

All dies Weltgeschrei, dies dunkelnächtige, von der Nacht benebelte, angeblaute, tintenfarbige, asternblütig blutige Geschrei, das kennt man, das erinnert man, das erträgt man wieder und wieder, und Jahr um Jahr, Tag um Tag, Nacht für Nacht.

Aber der Kuckuck, im Mai der Kuckuck, wer unter uns erträgt in den schwülen Mainächten, an den Maimittagen sein tolles träge erregtes Geschrei? Wer von uns hat sich je an den Mai mit seinem Kuckuck gewöhnt, welches Mädchen, welcher Mann? Jahr um Jahr wieder, Nacht für Nacht wieder, macht er die Mädchen, die gierigatmenden, und die Männer, die betäubten, macht er sie wild, der Kuckuck, der Kuckuck im Mai, dieser Maikuckuck. Auch im Mai schrein Lokomotiven und Schiffe und Katzen und Fraun und Klarinetten – sie schreien dich an, wenn du allein auf der Straße bist, dann, wenn es schon dunkelt, aber dann fällt noch der Kuckuck über dich her. Eisenbahnpfiff, Dampfergedröhn, Katzengejaul, Klarinettengemecker und Frauenschluchzen – aber der Kuckuck, der Kuckuck schreit wie ein Herz durch die Mainacht, wie ein pochendes lebendiges Herz, und wenn dich der Kuckucksschrei unvermutet überfällt in der Nacht, in der Mainacht, dann hilft kein Dampfer dir mehr und keine Lokomotive und kein Katzen- und Frauengetu und keine Klarinette. Der Kuckuck macht dich verrückt. Der Kuckuck lacht dich aus, wenn du fliehst. Wohin? lacht der Kuckuck, wohin denn im Mai? Und du stehst, von dem Kuckuck wild gemacht, mit all deinen Weltwünschen da, allein, ohne wohin, so allein, und dann haßt du den Mai, haßt ihn vor sehnsüchtiger Liebe, vor Weltschmerz, haßt ihn mit deiner ganzen Einsamkeit, haßt diesen Kuckuck im Mai, diesen ..... Und dann laufen wir mit unserem Kuckucksschicksal, ach, wir werden unser Kuckuckslos, dieses über uns verhängte Verhängnis, nicht los, durch die tauigen Nächte. Schrei, Kuckuck, schrei deine Einsamkeit in den Maifrühling rein, schrei, Kuckuck, brüderlicher Vogel, ausgesetzt, verstoßen, ich weiß, Bruder Kuckuck, all dein Geschrei ist Geschrei nach der Mutter, die dich den Mainächten auslieferte, als Fremdling unter Fremde verstieß, schrei, Kuckuck, schrei dein Herz den Sternen entgegen, Bruder Fremdling du, mutterlos, schrei ... Schrei, Vogel Einsam, blamiere die Dichter, ihnen fehlt deine tolle Vokabel, und ihre Einsamkeitsnot wird Geschwätz, und nur wenn sie stumm bleiben, dann tun sie ihre größte Tat, Vogel Einsam, wenn dein Mutterschrei uns durch schlaflose Mainächte jagt, dann tun wir unsere heldischste Tat: Die unsägliche Einsamkeit, diese eisige männliche, leben wir dann, leben wir ohne deine tolle Vokabel, Bruder Vogel, denn das Letzte, das Letzte geben die Worte nicht her.

Hingehen sollen die heroisch verstummten einsamen Dichter und lernen, wie man einen Schuh macht, einen Fisch fängt und ein Dach dichtet, denn ihr ganzes Getu ist

Geschwätz, qualvoll, blutig, verzweifelt, ist Geschwätz vor den Mainächten, vor dem Kuckucksschrei, vor den wahren Vokabeln der Welt. Denn wer unter uns, wer denn, ach, wer weiß einen Reim auf das Röcheln einer zerschossenen Lunge, einen Reim auf einen Hinrichtungsschrei, wer kennt das Versmaß, das rhythmische, für eine Vergewaltigung, wer weiß ein Versmaß für das Gebell der Maschinengewehre, eine Vokabel für den frisch verstummten Schrei eines toten Pferdeauges, in dem sich kein Himmel mehr spiegelt und nicht mal die brennenden Dörfer, welche Druckerei hat ein Zeichen für das Rostrot der Güterwagen, dieses Weltbrandrot, dieses angetrocknete blutigverkrustete Rot auf weißer menschlicher Haut? Geht nach Haus, Dichter, geht in die Wälder, fangt Fische, schlagt Holz und tut eure heroischste Tat: Verschweigt! Verschweigt den Kuckucksschrei eures einsamen Herzens, denn es gibt keinen Reim und kein Versmaß dafür, und kein Drama, keine Ode und kein psychologischer Roman hält den Kuckucksschrei aus, und kein Lexikon und keine Druckerei hat Vokabel oder Zeichen für deine wortlose Weltwut, für deine Schmerzlust, für dein Liebesleid.

Denn wir sind wohl eingeschlafen unter dem Knistern geborstener Häuser (ach, Dichter, für das Seufzen sterbender Häuser fehlt dir jede Vokabel!), eingeschlafen sind wir unter dem Gebrüll der Granaten (welche Druckerei hat ein Zeichen für dieses metallische Geschrei?), und wir schliefen ein bei dem Gestöhn der Sträflinge und der vergewaltigten Mädchen (wer weiß einen Reim drauf, wer weiß den Rhythmus?) – aber hochgejagt wurden wir in den Mainächten von der stummen Qual unserer Fremdlingsherzen hier auf der Frühlingswelt, denn nur der

Kuckuck, nur der Kuckuck weiß eine Vokabel für all seine einsame mutterlose Not. Und uns bleibt allein die heroische Tat, die Abenteuertat: Unser einsames Schweigen. Denn für das grandiose Gebrüll dieser Welt und für ihre höllische Stille fehlen uns die armseligsten Vokabeln. Alles was wir tun können, ist: Addieren, die Summe versammeln, aufzählen, notieren.

Aber diesen tollkühnen sinnlosen Mut zu einem Buch müssen wir haben! Wir wollen unsere Not notieren, mit zitternden Händen vielleicht, wir wollen sie in Stein, Tinte oder Noten vor uns hinstellen, in unerhörten Farben, in einmaliger Perspektive, addiert, zusammengezählt und angehäuft, und das gibt dann ein Buch von zweihundert Seiten. Aber es wird nicht mehr da drin steten als ein paar Glossen, Anmerkungen, Notizen, spärlich erläutert, niemals erklärt, denn die zweihundert bedruckten Seiten sind nur ein Kommentar zu den zwanzigtausend unsichtbaren Seiten, zu den Sisyphusseiten, aus denen unser Leben besteht, für die wir Vokabel, Grammatik und Zeichen nicht kennen. Aber auf diesen zwanzigtausend unsichtbaren Seiten unseres Buches steht die groteske Ode, das lächerliche Epos, der nüchternste verwunschenste aller Romane: Unsere verrückte kugelige Welt, unser zuckendes Herz, unser Leben! Das ist das Buch unserer wahnsinnigen dreisten bangen Einsamkeit auf nachttoten Straßen.

Aber die abends in den erleuchteten gelbroten blechernen Straßenbahnen durch die steinerne Stadt fahren, die, die müssen doch glücklich sein. Denn sie wollen ja irgendwohin, sie kennen den Namen ihrer Station ganz genau, sie haben ihn schon genannt, mit der Lippenfaulheit von Leuten, denen nichts mehr passieren kann, ohne aufzusehn, sie wissen, wo ihre Haltestelle ist (sie haben es alle nicht weit) und sie wissen, daß die Bahn sie dahin bringt. Dafür haben sie schließlich bezahlt an den Staat, mit Steuern einige, einige mit einem amputierten Bein, und mit zwanzig Pfennig Fahrgeld. (Kriegsversehrte die Hälfte. Ein Einbeiniger fährt im Leben 7862mal mit der Straßenbahn für die Hälfte. Er spart 786,20. Sein Bein, es ist bei Smolensk längst verfault, war 786,20 wert. Immerhin.) Aber glücklich sind die in der Bahn. Sie müssens doch sein. Sie haben weder Hunger noch Heimweh. Wie können sie Hunger oder Heimweh haben? Ihre Station steht schon fest und alle haben lederne Taschen bei sich, Pappkartons oder Körbe. Einige lesen auch. Faust, Filmillustrierte oder den Fahrschein, das siehst du ihnen nicht an. Sie sind gute Schauspieler. Sie sitzen da mit ihren erstarrten plötzlich alt gewordenen Kindergesichtern, hilflos, wichtig, und spielen Erwachsene. Und die Neunjährigen glauben ihnen das. Aber am liebsten würden sie aus den Fahrscheinen kleine Kügelchen machen und sich damit werfen, heimlich. So glücklich sind sie, denn in den Körben und Taschen und Büchern, die die Leute abends in der Straßenbahn bei sich haben, da sind die Mittel drin gegen Heimweh und Hunger, (und wenns eine Kippe ist, an der man sich satt kaut – und wenns ein Fahrschein ist, mit dem man flieht –). Die, die Körbe und Bücher bei sich haben, die in den Straßenbahnen abends, die müssen doch glücklich sein, denn sie sind ja geborgen zwischen ihren Nebenmännern, die Brillen, Husten oder bläuliche Nasen haben, und bei dem Schaffner, der eine amtliche Uniform an hat, unsaubere Fingernägel und einen goldenen Ehering, der mit den Fingernägeln wieder versöhnt, denn nur Junggesellenfingernägel sind unsympathisch, wenn sie unsauber sind. Ein verheirateter Straßenbahnschaffner hat womöglich einen kleinen Garten, einen Balkonkasten oder er bastelt für seine fünf Kinder Segelschiffe (ach, für sich baut er die, für seine heimlichen Reisen!). Die bei so einem Schaffner abends geborgen sind in der mäßig erleuchteten Bahn, denn die Lampen sind nicht zu hell und sind nicht zu triste, die müssen doch beruhigt und glücklich sein – kein Kuckucksschrei bricht aus ihren sparsamen billigen bitteren Mündern und kein Kuckucksschrei dringt von außen her durch die dicken glasigen Fenster. Sie sind ohne Bestürzung und wie geborgen, ach, wie unendlich geborgen sind sie unter den soliden und etwas erblindeten Lampen des Straßenbahnwagens, unter den mittelmäßigen Gestirnen ihrer Alltage, diesen trübseligen Leuchten, die das Vaterland seinen Kindern in Behörden, Bahnhöfen, Bedürfnisanstalten (grünschirmig, spinnwebig) und Straßenbahnen spendiert. Und die altgewordenen albernen mürrischen Kinder in den Bahnen abends, unter behördlich angeordneten Lampen, die müssen doch glücklich sein, denn Angst (diese Maiangst, die Kuckucksangst), Angst können sie nicht haben: Sie haben doch Licht. Sie kennen den Kuckuck doch nicht. Sie sind beieinander, wenn was passiert (ein Mord, ein Zusammenstoß, ein Gewitter). Und sie wissen: wohin. Und sie sind in den gelbroten blechernen Straßenbahnen unter den Lampen bei Schaffner und Nachbar (und wenn er auch nach Hering aufstößt) mitten in der steinernen dunklen Abend-Stadt geborgen.

Nie wird die Welt über sie hereinbrechen wie über den, der allein auf der Straße steht: Ohne Lampe, ohne Station, ohne Nebenmann, hungrig, ohne Korb, ohne Buch, kuckucksüberschrien, voll Angst. Die so nackt und arm auf der Straße stehn, wenn die zigarettenrauchvollen Straßenbahnen vorbeiklingeln (schon das Klingeln jagt Heimweh und Angst in die düsteren Torwege zurück!) mit ihren beruhigenden Mittelmaßlampen darin und den beruhigten Gesichtern darunter, aufgehoben für zehntausend Alltage, die dann noch dastehn, wenn die Straßenbahn schon weit ab durch eine rostige Kurve heulkreischt, die – die gehören der Straße. Die Straße ist ihr Himmel, ihr andächtiges Schreiten, ihr toller Tanz, ihre Hölle, ihr Bett (mit Parkbänken und Brückenbogen), ihre Mutter und ihr Mädchen. Diese grauharte Straße ist ihr staubiger schweigsam verläßlicher Kumpel, stur, treu, beständig. Diese verregnete sonnenbrennende sternüberstickte mondblanke windüberatmete Straße ist ihr Fluch und ihr Abendgebet (ist ihr Abendgebet, wenn eine Frau ein Glas Milch über hat – ist ihr Fluch, wenn die nächste Stadt, wenn die nächste Stadt vor der Nacht nicht mehr rankommt). Diese Straße ist ihre Verzagtheit und ihr abenteuerlicher Mut. Und wenn du ihnen vorbeigehst, dann sehn sie dich an wie die Fürsten, diese Flickenkönige von Lumpens Gnaden, und mit zugebissenem Mund sagen sie ihren ganzen großen harten protzigen klotzigen Reichtum:

Die Straße gehört uns. Die Sterne über, die sonnenwarmen Steine unter uns. Der Singsangwind und der erdigriechende Regen. Die Straße gehört uns. Wir haben unser Herz, unsere Unschuld, unsere Mutter, das Haus und den Krieg verloren – aber die Straße, unsere Straße verlieren wir nie. Die gehört uns. Ihre Nacht unterm Großen Bär. Ihr Tag unter der gelben Sonne. Ihr singender klingender Regen: Dies alles: Dieser Sonnenregenwindgeruch, dieser feuchtgrasige, naßerdige, mädchenblumige, der so gut riecht wie sonst nichts auf der Welt: Diese Straße gehört uns. Mit ihren emaillierten Hebammenschildern und ligusternen Friedhöfen rechts und links, mit der vergessenen Dunstwelt Gestern, die hinter uns liegt, mit dem ungeahnten morgigen Dunstland da vor uns. Da stehn wir, dem Kuckuck ausgeliefert, dem Mai, mit verkniffenen Tränen, heroisch sentimental, mit ein bißchen Romantik betrogen, einsam, männlich, muttersehnsüchtig, großspurig, verloren. Verloren zwischen Dorf und Dorf. Vereinsamt in der millionenfenstrigen Stadt. Schrei, Vogel Einsam, schrei um Hilfe, schrei für uns mit, denn uns fehlen die letzten Vokabeln, der Reim fehlt uns und das Versmaß auf all unsere Not.

Aber manchmal, Vogel Einsam, manchmal, selten, seltsam und selten, wenn die gelbblühende Straßenbahn die Straße gnadenlos zurückgeschleudert hat in ihre schwarze Verlassenheit, dann manchmal, selten, seltsam und selten, dann bleibt manchmal in mancher Stadt (oh so selten) doch noch ein Fenster da. Ein helles warmes verführerisches Viereck im steinern kalten Koloß, in der fürchterlichen Schwärze der Nacht: Ein Fenster.

Und dann geht alles ganz schnell. Ganz sachlich. Man notiert nur im Kopf: Das Fenster, die Frau, und die Mainacht. Das ist alles, wortlos, banal, verzweifelt. Man muß das wie einen Schnaps runterkippen, hastig, bitter, scharf, betäubend. Davor ist alles Geschwätz, alles. Denn dies ist das Leben: Das Fenster, die Frau, und die Mainacht. Ein fleckiger Geldschein aufm Tisch, Schokolade oder 'n Stück Schmuck. Dann notiert man: Beine und Knie und Schenkel und Brüste und Blut. Kipp runter den Schnaps. Und morgen schreit wieder der Kuckuck. Alles andere ist rührseliges Geschwätz. Alles. Denn dies ist das Leben, für das es keine Vokabel gibt: heißes hektisches Getu. Kipp runter den Schnaps. Er verbrennt und berauscht. Auf dem Tisch liegt das Geld. Alles andere ist Geschwätz, denn morgen, schon morgen schreit wieder der Kuckuck. Heute abend nur diese kurze banale Notiz: Das Fenster, die Frau. Das genügt. Alles andere ist – um drei nachts beginnt wieder der Kuckuck. Wenn es graut. Aber heut abend ist erstmal ein Fenster da. Und eine Frau. Und eine Frau.

Im Parterre steht ein Fenster offen. Noch offen zur Nacht. Der Kuckuck schreit grün wie eine leere Flasche Gin in die seidige Jasminnacht der Vorstadtstraßen hinein. Ein Fenster steht noch offen. Ein Mann steht in der grüngeschrienen Kuckucksnacht, ein jasminüberfallener Mann mit Hunger und Heimweh nach einem offenen Fenster. Das Fenster ist offen. (Oh so selten!) Eine Frau lehnt da raus. Blaß. Blond. Hochbeinig vielleicht. Der Mann denkt: Hochbeinig vielleicht, sie ist so der Typ. Und sie spricht so wie alle Fraun, die abends am Fenster stehn. So tierwarm und halblaut. So unverschämt träge erregt wie der Kuckuck. So schwersüß wie der Jasmin. So dunkel wie die Stadt. So verrückt wie der Mai. Und sie spricht so gewerbsmäßig nächtlich. So molltönig grün wie eine ausgesoffene Flasche Gin. So unverblümt blumig. Und der Mann vor dem Fenster knarrt ungeliebt einsam wie das ausgedörrte Leder seines Stiefels:

Also nicht.
Ich hab doch gesagt –
Also nicht?
– –

Und wenn ich das Brot geb?

– –

Ohne Brot nicht, aber wenn ich das Brot nun geb, dann?

Ich hab doch gesagt, Junge –

Dann also ja?

Ja.

Also ja. Hm. Also.

Ich hab doch gesagt, Junge, wenn die Kinder uns hören, wachen sie auf. Und dann haben sie Hunger. Und wenn ich dann kein Brot für sie hab, schlafen sie nicht wieder ein. Dann weinen sie die ganze Nacht. Versteh doch.

Ich geb ja das Brot. Mach auf. Ich geb es. Hier ist es. Mach auf.

Ich komm.

Die Frau macht die Tür auf, dann macht der Mann sie hinter sich zu. Unterm Arm hat er ein Brot. Die Frau macht das Fenster zu. Der Mann sieht an der Wand ein Bild. Zwei nackte Kinder sind da drauf mit Blumen. Das Bild hat einen breiten Rahmen aus Gold und ist sehr bunt. Besonders die Blumen. Aber die Kinder sind viel zu dick. Amor und Psyche heißt das Bild. Die Frau macht das Fenster zu. Dann die Gardine. Der Mann legt das Brot auf den Tisch. Die Frau kommt an den Tisch und nimmt das Brot. Überm Tisch hängt die Lampe. Der Mann sieht die Frau an und schiebt die Unterlippe vor, als ob er etwas probiert. Vierunddreißig, denkt er dann. Die Frau geht mit dem Brot zum Schrank. Was für ein Gesicht, denkt sie, was hat der für ein Gesicht. Dann kommt sie von dem Schrank zurück wieder an den Tisch. Ja, sagt sie. Sie sehen beide auf den Tisch. Der Mann fängt an, mit dem Zeigefinger die Brotkrümel vom Tisch zu knipsen. Ja, sagt er. Der Mann sieht an ihren Beinen hoch. Man sieht die Beine fast ganz. Die Frau hat nur einen dünnen durchsichtig hellblauen Unterrock an. Man sieht ihre Beine fast ganz. Dann sind keine Brotkrümel mehr auf dem Tisch. Darf ich meine Jacke ausziehen? sagt der Mann. Sie ist so blöde.

Ja, die Farbe, nicht?

Gefärbt.

Ach, gefärbt? Wie eine Bierflasche.

Bierflasche?

Ja, so grün.

Ach so, ja, so grün. Ich häng sie hier hin.

Richtig wie eine Bierflasche.

Na, dein Kleid ist aber auch –

Was denn?

Na, himmelblau.

Das ist nicht mein Kleid.

Ach so.

Aber schön, ja?

Ja –

Soll ich anbehalten?

Ja ja. Natürlich.

Die Frau steht noch immer am Tisch. Sie weiß nicht, warum der Mann immer noch sitzt. Aber der Mann ist müde. Ja, sagt die Frau und sieht an sich runter. Da sieht der Mann sie an. Er sieht auch an ihr runter. Du, weißt du – sagt der Mann und sieht nach der Lampe. Das ist doch selbstverständlich, sagt sie und macht das Licht aus. Der Mann bleibt im Dunkeln still auf seinem Stuhl sitzen. Sie geht dicht an ihm vorbei. Er fühlt einen warmen Lufthauch, wie sie an ihm vorbeigeht. Dicht geht sie an ihm vorbei. Er kann sie riechen. Er riecht sie. Er ist müde. Da sagt sie von drüben her (von weit weit her, denkt der Mann): Komm doch jetzt. Natürlich, sagt er und tut, als wenn er drauf gewartet hat. Er stößt gegen den Tisch: Oh, der Tisch. Hier bin ich, sagt sie im Dunkeln. Aha. Er hört ihr Atmen ganz nah neben sich. Er streckt vorsichtig seine Hand aus. Sie hören sich beide atmen. Da trifft seine Hand auf etwas. Oh, sagt er, da bist du. Es ist ihre Hand. Ich hab im Dunkeln deine Hand gefunden, lacht er. Ich hab sie ja auch hingehalten, sagt sie leise. Da beißt sie ihn in den Finger. Sie zieht ihn runter. Er setzt sich hin. Sie lachen beide. Sie hört, daß er ganz schnell atmet. Er ist höchstens zwanzig, denkt sie, er hat Angst. Du alte Bierflasche, sagt sie. Sie nimmt seine Hand und tut sie auf ihre heiße nachtkühle Haut. Er fühlt, daß sie das himmelblaue Ding doch ausgezogen hat. Er fühlt ihre Brust. Er sagt großspurig ins Dunkle hinein (aber er ist ganz außer Atem): Du Milchflasche du. Du bist eine Milchflasche, weißt du das? Nein, sagt sie, das hab ich noch nie gewußt. Sie lachen beide. Er ist viel zu jung, denkt sie. Sie ist doch nur wie alle, denkt er. Er ist erschrocken vor ihrer nackten Haut. Er hält seine Hände ganz still. So ein Kind, denkt sie. So sind sie alle, denkt er, ja, alle sind sie so, alle. Er weiß nicht, was er mit seinen Händen tun soll auf ihrer Brust. Du frierst, glaub ich, sagt er, ich glaube, du frierst, wie? Mitten im Mai? lacht sie, mitten im Mai? Na ja, sagt er, immerhin, nachts. Aber im Mai, sagt sie, wir sind doch mitten im Mai. Man hört sogar den Kuckuck, sei mal still, hörst du, man hört sogar den Kuckuck, hör doch, atme doch nicht so laut, hör doch, hörst du, der Kuckuck. Immerzu. Eins zwei drei vier fünf – na? – da! – sechs sieben acht – hörst du? Da wieder – neun zehn elf – hör doch: Kuckuck Kuckuck Kuckuck Kuckuck – – – – Bierflasche du, alte Bierflasche, sagt die Frau leise. Sie sagt es verächtlich und mütterlich und leise. Denn der Mann schläft.

Morgen wird es. Es wird schon grau draußen vor den Gardinen. Es wird wohl bald vier sein. Und der Kuckuck ist schon wieder dabei. Die Frau liegt wach. Oben geht schon jemand. Eine Brotmaschine bumst drei- vier- fünfmal. Eine Wasserleitung. Dann den Flur, die Tür, die Treppen: Schritte. Der von oben muß um halb sechs auf der Werft sein. Halb fünf ist es wohl. Draußen ein Fahrrad. Hellgrau, beinah rosig schon. Hellgrau sickert langsam durch die Gardine vom Fenster her über den Tisch, die Stuhllehne, ein Stück Zimmerdecke, den Goldrahmen, Psyche, und eine Hand, die eine Faust macht. Morgens halb fünf im Hellgrau vor Tag noch macht einer im Schlaf eine Faust. Hellgrau sickert vom Fenster her durch die Gardine auf ein Gesicht, auf ein Stück Stirn, auf ein Ohr. Die Frau ist wach. Vielleicht schon lange. Sie bewegt sich nicht. Aber der Mann mit der Faust im Schlaf hat einen schweren Kopf. Der fiel gestern abend auf ihre Brust. Halb fünf ist es jetzt. Und der Mann liegt noch wie gestern abend. Ein magerer langer junger Mann mit einer Faust und einem schweren Kopf. Als die Frau seinen Kopf vorsichtig von sich wegdrücken will, faßt sie in sein Gesicht. Es ist naß. Was hat der für ein Gesicht, denkt die hellgraue Frau morgens vor Tag, die einen Mann auf sich liegen hat, der die ganze Nacht schlief, mit einer Faust, und jetzt ist sein Gesicht naß. Und was ist das für ein Gesicht jetzt im Hellgrau. Ein nasses langes armes wildes Gesicht. Ein sanftes Gesicht, einsam, grau, schlecht und gut. Ein Gesicht. Die Frau zieht ihre Schulter langsam unter dem Kopf weg, bis er auf das Kissen sackt. Da sieht sie den Mund. Der Mund sieht sie an. Was ist das für ein Mund. Und der Mund sieht sie an. Sieht sie an, daß ihr die Augen verschwimmen.

Es ist das übliche, sagt der Mund, es ist gar nichts besonderes, es ist nur das übliche. Du brauchst gar nicht so überlegen zu lächeln, so verächtlich mütterlich, hör auf damit, sag ich dir, hör damit auf, du, sonst – du, ich sag dir, ich hab alles gelernt, hör damit auf. Ich weiß, ich hätte über dich herfallen sollen gestern abend, dir die weißen Schultern zerbeißen und das weiche Fleisch hoch über den Knien, ich hätte dich fertigmachen sollen, bis du in der Ecke gelegen hättest und dann hättest du noch vor Schmerz gestöhnt: Mehr, Schätzchen, mehr. So dachtest du dir das doch. Oh, der ist noch jung, dachtest du gestern abend in deinem Fenster, der ist noch nicht so verbraucht wie die feigen alten Familienväter, die hier abends für eine Viertelstunde Don Juan markieren. Oh, dachtest du, da ist mal so ein junges Gemüse, der wirft dich mal so restlos um. Und dann kam ich rein. Du rochst nach Tier, aber ich war müde, weißt du, ich wollte nur erst mal ne Stunde die Beine lang machen. Du hättest deinen Unterrock anbehalten können. Die Nacht ist um. Du grinst, weil du dich schämst. Du verachtest mich. Du denkst wohl, ich wär noch kein Mann. Natürlich denkst du das, denn du machst nun ganz auf mütterlich. Du denkst, ich bin noch ein Junge. Du hast Mitleid mit mir, verächtliches mütterliches Mitleid, weil ich nicht über dich hergefallen bin. Aber ich bin ein Mann, verstehst du, ich bin schon lange ein Mann. Ich war nur müde gestern abend, sonst hätte ich dirs schon gezeigt, das kann ich dir sagen, denn ich bin schon lange ein Mann, sagt der Mund, verstehst du, längst schon. Denn ich hab schon Wodka getrunken, meine Liebe, richtigen russischen Wodka, 98prozentigen, meine Liebe, und ich habe Scheiße geschrien, weißt du, ein Gewehr hab ich gehabt und Scheiße hab ich geschrien und geschossen hab ich und ganz allein auf Horchposten gestanden und der Kompaniechef hat Du zu mir gesagt und Feldwebel Brand hat mit mir immer die Zigaretten getauscht, weil er so gern Kunsthonig wollte und dann hatte ich seine Zigaretten noch dazu, wenn du glaubst, ich wär noch ein Junge! Ich war schon, am Abend bevor es nach Rußland ging, bei einer Frau, längst schon, meine Liebe, bei einer Frau und über ne Stunde lang und heiser war die und teuer und ne richtige Frau war das, eine Erwachsene, meine Liebe, die hat nicht bei mir auf mütterlich gemacht, die hat mein Geld weggesteckt und hat gesagt: Na, wann gehts los, Schätzchen, gehts nach Rußland? Willst noch mal mit der deutschen Frau, gelt, Schätzchen? Schätzchen hat sie zu mir gesagt und hat mir den Kragen von der Uniform aufgeknöpft. Aber dann hat sie sich die ganze Zeit die Fransen von der Tischdecke um die Finger gewickelt und hat an die Wand gesehn. Hin und wieder hat sie Schätzchen gesagt, aber nachher ist sie sofort aufgestanden und hat sich gewaschen und an der Tür unten hat sie dann Tschüs gesagt. Das war alles. Im Nebenhaus sangen sie die Rosamunde und aus den andern Fenstern hingen auch überall welche raus und alle sagten sie Schätzchen. Alle sagten sie Schätzchen. Das war der Abschied von Deutschland. Aber das Schlimmste kam am anderen Morgen auf dem Bahnhof.

Die Frau macht die Augen zu. Denn der Mund, der wächst. Denn der Mund wird groß und grausam und groß.

Es war das übliche, sagt der riesige Mund, es war gar nichts besonderes. Es war nur das übliche. Ein Blei-Morgen. Eine Blei-Eisenbahn. Und Blei-Soldaten. Die Soldaten waren wir. Es war gar nichts besonderes. Nur das übliche. Ein Bahnhof. Ein Güterzug. Und Gesichter. Das war alles.

Als wir dann in den Güterzug kletterten, sie stanken nach Vieh, die Waggons, die blutroten, da wurden unsere Väter laut und lustig mit ihren Blei-Gesichtern und sie haben verzweifelt ihre Hüte geschwenkt. Und unsere Mütter verwischten mit buntfarbigen Tüchern ihre maßlose Trauer: Verlier auch nicht die neuen Strümpfe, Karlheinz. Und Bräute waren da, denen taten noch die Münder weh von dem Abschied und die Brüste und die – – alles tat ihnen weh, und das Herz und die Lippen brannten noch und der Brand der Abschiedsnacht war noch nicht oh noch lange nicht erloschen im Blei. Wir aber sangen so wunderwunderschön in Gottes weite Welt hinaus und grinsten und grölten, daß unsern Müttern die Herzen erfroren. Und dann wurde der Bahnhof – der wollte keine Knechte – dann wurden die Mütter – Säbel, Schwert und Spieß – die Mütter und Bräute immer winziger und Vaters Hut – daß er bestände bis aufs Blut – Vaters Hut machte noch lange: Machs gut, Karlheinz – bis in den Tod – machs gut, mein Junge – die Feeeheeede. Und unser Kompaniechef saß vorn im Waggon und schrieb auf den Meldeblock: Abfahrt: 6 Uhr 23. Auf dem Küchenwagen schälten die Rekruten mit männlichen Gesichtern Kartoffeln. In einem Büro in der Bismarckstraße sagte Herr Dr. Sommer, Rechtsanwalt und Notar, diesen Morgen: Mein Füller ist kaputt. Es wird hohe Zeit, daß der Krieg zu Ende geht. Draußen vor der Stadt juchte eine Lokomotive. In den Waggons aber, in den dunklen Waggons, hatte man noch den Geruch von den brennenden Bräuten für sich, ganz im Dunkeln für sich, aber keiner riskierte im Öllicht eine Träne. Keiner von uns. Wir sangen den trostlosen Männergesang von Madagaskar und die blutroten Waggons stanken nach Vieh, denn wir hatten Menschen an Bord. Ahoi, Kameraden und keiner riskierte eine Träne, ahoi, kleines Mädel, täglich ging einer über Bord und in den Kratern, da faulte die warmrote Himbeerlimonade, die einmalige Limonade, für die es keinen Ersatz gibt und die keiner bezahlen kann, nein, keiner. Und wenn uns die Angst den Schlamm schlucken ließ und uns hinwarf in den zerwühlten Schoß der mütterlichen Erde, dann fluchten wir in den Himmel, in den taubstummen Himmel: Und führe uns niemals in Fahnenflucht und vergib uns unsere MGs, vergib uns, aber keiner keiner war da, der uns vergab, es war keiner da. Und was dann kam, dafür gibts keine Vokabel, davor ist alles Geschwätz, denn wer weiß ein Versmaß für das blecherne Gemecker der Maschinengewehre und wer weiß einen Reim auf den Aufschrei eines achtzehnjährigen Mannes, der mit seinen Gedärmen in den Händen zwischen den Linien verwimmerte, wer denn, ach keiner!!!

Als wir an dem bleiernen Morgen den Bahnhof verließen und die winkenden Mütter winzig und winziger wurden, da haben wir großartig gesungen, denn der Krieg, der kam uns gerade recht. Und dann kam er. Dann war er da. Und vor ihm war alles Geschwätz. Keine Vokabel hielt ihm stand, dem brüllenden seuchigen kraftstrotzenden Tier, keine Vokabel. Was heißt denn la guerre oder the war oder Krieg? Armseliges Geschwätz, vor dem Tiergebrüll seiner glühenden Münder, der Kanonenmünder. Und Verrat vor den glühenden Mündern der verratenen Helden. An das Metall, an den Phosphor, an den Hunger und Eissturm und

Wüstensand erbärmlich verraten. Und nun sagen wir wieder the war und la guerre und der Krieg und kein Schauer ergreift uns, kein Schrei und kein Grausen. Heute sagen wir einfach wieder: C'était la guerre – das war der Krieg. Mehr sagen wir heute nicht mehr, denn uns fehlen die Vokabeln, um nur eine Sekunde von ihm wiederzugeben, nur für eine Sekunde, und wir sagen einfach wieder: Oh ja, so war es. Denn alles andere ist nur Geschwätz, denn es gibt keine Vokabel, keinen Reim und kein Versmaß für ihn und keine Ode und kein Drama und keinen psychologischen Roman, die ihn ertragen, die nicht platzen vor seinem zinnoberroten Gebrüll. Und als wir die Anker lichteten, die Kaimauern knirschten vor Lust, um das Land, das dunkle Land Krieg anzusteuern, da haben wir tapfer gesungen, wir Männer, oh so bereit waren wir und so haben wir gesungen, wir in den Viehwagen. Und auf den marschmusikenen Bahnhöfen jubelten sie uns in das dunkle dunkle Land Krieg. Und dann kam er. Dann war er da. Und dann, eh wir ihn begriffen, dann war er aus. Dazwischen liegt unser Leben. Und das sind zehntausend Jahre. Und jetzt ist er aus und wir werden auf den fauligen Planken der verlorenen Schiffe nachts heimlich verächtlich an die Küste von Land Frieden, dem unverständlichen Land, gespien. Und keiner keiner kann uns noch erkennen, uns zwanzigjährige Greise, so hat uns das Gebrüll verwüstet. Kennt uns noch jemand? Wo sind die, die uns jetzt noch kennen? Wo sind sie? Die Väter verstecken sich tief in ihr Gesicht und die Mütter, die siebentausendfünfhundertvierundachtzigmal ermordeten Mütter, ersticken an ihrer Hilflosigkeit vor der Qual unserer entfremdeten Herzen. Und die Bräute, die Bräute schnuppern erschreckt den Katastrophengeruch, der wie Angstschweiß aus unserer Haut bricht, nachts, in ihren Armen, und sie wittern den einsamen Metallgeschmack aus unsern verzweifelten Küssen und sie atmen erstarrt den marzipansüßen Blutdunst erschlagener Brüder aus unserm Haar und sie begreifen unsere bittere Zärtlichkeit nicht: Denn wir vergewaltigen in ihnen all unsere Not, denn wir morden sie jedwede Nacht, bis uns eine erlöst. Eine. Erlöst. Aber keiner erkennt uns.

Und jetzt sind wir unterwegs zwischen den Dörfern. Ein Pumpengequietsch ist schon ein Fetzen Heimat. Und ein heiserer Hofhund. Und eine Magd, die Guten Tag sagt. Und der Geruch von Himbeersaft aus einem Haus. (Unser Kompaniechef hatte plötzlich das ganze Gesicht voll Himbeersaft. Aus dem Mund kam der. Und darüber hat er sich so gewundert, daß seine Augen wie Fischaugen wurden: maßlos erstaunt und blöde. Unser Kompaniechef hat sich sehr über den Tod gewundert. Er konnte ihn gar nicht verstehn.) Aber der Himbeersaftduft in den Dörfern, das ist für uns schon ein Fetzen Zuhaus. Und die Magd mit den roten Armen. Und der heisere Hund. Ein Fetzen, ein kostbarer unersetzlicher Fetzen.

Und in den Städten sind wir nun. Häßlich, gierig, verloren. Und Fenster sind für uns selten, seltsam und selten. Aber sie sind doch, abends im Dunkeln, mit schlafwarmen Frauen, ein einmaliger himmlischer Fetzen für uns, oh so selten. Und wir sind unterwegs nach der ungebauten neuen Stadt, in der uns alle Fenster gehören, und alle Frauen, und alles und alles und alles: Wir sind unterwegs nach unserer Stadt, nach der neuen Stadt, und unsere Herzen schreien nachts wie Lokomotiven vor Gier und vor Heimweh – wie Lokomotiven. Und alle Lokomotiven fahren nach der neuen Stadt. Und die neue Stadt, das ist die Stadt, in der die weisen Männer, die Lehrer und die Minister, nicht lügen, in der die Dichter sich von nichts anderem verführen lassen, als von der Vernunft ihres Herzens, das ist die Stadt, in der die Mütter nicht sterben und die Mädchen keine Syphilis haben, die Stadt, in der es keine Werkstätten für Prothesen und keine Rollstühle gibt, das ist die Stadt, in der der Regen Regen genannt wird und die Sonne Sonne, die Stadt, in der es keine Keller gibt, in denen blaßgesichtige Kinder nachts von Ratten angefressen werden, und in der es keine Dachböden gibt, in denen sich die Väter erhängen, weil die Frauen kein Brot auf den Tisch stellen können, das ist die Stadt, in der die Jünglinge nicht blind und nicht einarmig sind und in der es keine Generäle gibt, das ist die neue, die großartige Stadt, in der sich alle hören und sehn und in der alle verstehe: mon cœur, the night, your heart, the day, der Tag, die Nacht, das Herz.

Und nach der neuen Stadt, nach der Stadt aller Städte, sind wir voll Hunger unterwegs durch unsere einsamen Maikuckucksnächte, und wenn wir am Morgen erwachen und wissen, wir werden es furchtbar wissen, daß es die neue Stadt niemals gibt, oh daß es die Stadt gar nicht gibt, dann werden wir wieder zehntausend Jahre älter sein und unser Morgen wird kalt und bitter sein, einsam, oh einsam, und nur die sehnsüchtigen Lokomotiven, die bleiben, die schluchzen weiter ihren fernsüchtigen Heimwehschrei in unseren qualvollen Schlaf, gierig, grausam, groß und erregt. Sie schrein weiter nachts vor Schmerz auf ihren einsamen kalten Geleisen. Aber sie fahrn nie mehr nach Rußland, nein, sie fahrn nie mehr nach Rußland, denn keine

Lokomotive fährt mehr nach Rußland keine Lokomotive fährt mehr nach Rußland keine Lokomotive fährt mehr nach Rußla nach Rußla keine denn keine Lokomotive fährt mehr nach nach denn keine denn keine Lokomo keine Lokomo keine Lokomo kei – –

Im Hafen, vom Hafen her, uuht schon ein frühes Schiff. Eine Barkasse schreit schon erregt. Und ein Auto. Nebenan singt ein Mann beim Waschen: Komm, wir machen eine kleine Reise. Im anderen Zimmer fragt ein Kind schon. Warum uuht der Dampfer, warum schreit die Barkasse, warum das Auto, warum singt der Mann nebenan, und wonach wonach fragt das Kind?

Der Mann, der gestern abend mit dem Brot kam, der mit der Bierflaschenjacke, der grünen gefärbten, der in der Nacht eine Faust und ein nasses Gesicht hatte, der Mann macht die Augen auf. Die Frau sieht von seinem Mund weg. Und der Mund ist so arm und so klein und so voll bitterem Mut. Sie sehen sich an, ein Tier das andere, ein Gott den anderen, eine Welt die andere Welt. (Und dafür gibt es keine Vokabel.) Groß, gut, fremd, unendlich und warm und erstaunt sehn sie sich an, von jeher verwandt und verfeindet und unlöslich aneinander verloren.

Der Schluß ist dann so wie alle wirklichen Schlüsse im Leben: banal, wortlos, überwältigend. Die Tür ist da. Er steht schon draußen und riskiert den ersten Schritt noch nicht. (Denn der erste Schritt heißt: wiederum verloren.) Sie steht noch drinnen und kann die Tür noch nicht zuschlagen. (Denn jede zugeschlagene Tür heißt: wiederum verloren.) Aber dann ist er plötzlich schon mehrere Schritte weit ab. Und es ist gut, daß er nichts mehr gesagt hat. Denn was, was hätte sie antworten sollen? Und dann ist er im

Frühdunst (der vom Hafen aufkommt und nach Fisch und nach Teer riecht), im Frühdunst verschwunden. Und es ist so gut, daß er sich nicht mal mehr umgedreht hat. Das ist so gut. Denn was hätte sie tun sollen? Winken? Etwa winken?

Die lange lange Straße lang

Links zwei drei vier links zwei drei vier links zwei weiter, Fischer! drei vier links zwei vorwärts, Fischer! schneidig Fischer! drei vier atme, Fischer! weiter, Fischer, immer weiter zickezacke zwei drei vier schneidig ist die Infantrie zickezackejuppheidi schneidig ist die Infantrie die Infantrie die Infantrie – – – –

Ich bin unterwegs. Zweimal hab ich schon gelegen. Ich will zur Straßenbahn. Ich muß mit. Zweimal hab ich schon gelegen. Ich hab Hunger. Aber mit muß ich. Muß. Ich muß zur Straßenbahn. Zweimal hab ich schon drei vier links zwei drei vier aber mit muß ich drei vier zickezacke zacke drei vier juppheidi ist die Infantric die Infantrie Infantrie fantrie fantrie – – – –

57 haben sie bei Woronesch begraben. 57, die hatten keine Ahnung, vorher nicht und nachher nicht. Vorher haben sie noch gesungen. Zickezackejuppheidi. Und einer hat nach Haus geschrieben: – – – dann kaufen wir uns ein Grammophon. Aber dann haben viertausend Meter weiter ab die Andern auf Befehl auf einen Knopf gedrückt. Da hat es gerumpelt wie ein alter Lastwagen mit leeren Tonnen über Kopfsteinpflaster: Kanonenorgel. Dann haben sie 57 bei Woronesch begraben. Vorher haben sie noch gesungen. Hinterher haben sie nichts mehr gesagt. 9 Autoschlosser, 2 Gärtner, 5 Beamte, 6 Verkäufer, 1 Friseur, 17 Bauern, 2 Lehrer, 1 Pastor, 6 Arbeiter, 1 Musiker, 7 Schuljungen. 7 Schuljungen. Die haben sie bei Woronesch begraben. Sie hatten keine Ahnung. 57.

Und mich haben sie vergessen. Ich war noch nicht ganz tot. Juppheidi. Ich war noch ein bißchen lebendig. Aber die andern, die haben sie bei Woronesch begraben. 57. 57. Mach noch ne Null dran. 570. Noch ne Null und noch ne Null. 57 000. Und noch und noch und noch. 57 000 000. Die haben sie bei Woronesch begraben. Sie hatten keine Ahnung. Sie wollten nicht. Das hatten sie gar nicht gewollt. Und vorher haben sie noch gesungen. Juppheidi. Nachher haben sie nichts mehr gesagt. Und der eine hat das Grammophon nicht gekauft. Sie haben ihn bei Woronesch und die andern 56 auch begraben. 57 Stück. Nur ich. Ich, ich war noch nicht ganz tot. Ich muß zur Straßenbahn. Die Straße ist grau. Aber die Straßenbahn ist gelb. Ganz wunderhübsch gelb. Da muß ich mit. Nur daß die Straße so grau ist. So grau und so grau. Zweimal hab ich schon zickezacke vorwärts, Fischer! drei vier links zwei links zwei gelegen drei vier weiter, Fischer! Zickezacke juppheidi schneidig ist die Infantrie schneidig, Fischer! weiter, Fischer! links zwei drei vier wenn nur der Hunger der elende Hunger immer der elende links zwei drei vier links zwei links zwei links zwei – – – –.

Wenn bloß die Nächte nicht wärn. Wenn bloß die Nächte nicht wärn. Jedes Geräusch ist ein Tier. Jeder Schatten ist ein schwarzer Mann. Nie wird man die Angst vor den schwarzen Männern los. Auf dem Kopfkissen grummeln die ganze Nacht die Kanonen: Der Puls. Du hättest mich nie allein lassen sollen, Mutter. Jetzt finden wir uns nicht wieder. Nie wieder. Nie hättest du das tun sollen. Du hast doch die Nächte gekannt. Du hast doch gewußt von den Nächten. Aber du hast mich von dir geschrien. Aus dir heraus und in diese Welt mit den Nächten hineingeschrien. Und seitdem ist jedes Geräusch ein Tier in der Nacht. Und in den blaudunklen Ecken warten die schwarzen Männer.

Mutter Mutter! in allen Ecken stehn die schwarzen Männer. Und jedes Geräusch ist ein Tier. Jedes Geräusch ist ein Tier. Und das Kopfkissen ist so heiß. Die ganze Nacht grummeln die Kanonen dadrauf. Und dann haben sie 57 bei Woronesch begraben. Und die Uhr schlurft wie ein altes Weib auf Latschen davon davon davon. Sie schlurft und schlurft und schlurft und keiner keiner hält sie auf. Und die Wände kommen immer näher. Und die Decke kommt immer tiefer. Und der Boden der Boden der wankt von der Welle Welt. Mutter Mutter! warum hast du mich allein gelassen, warum? Wankt von der Welle. Wankt von der Welt. 57. Rums. Und ich will zur Straßenbahn. Die Kanonen haben gegrummelt. Der Boden wankt. Rums. 57. Und ich bin noch ein bißchen lebendig. Und ich will zur Straßenbahn. Die ist gelb in der grauen Straße. Wunderhübsch gelb in der grauen. Aber ich komm ja nicht hin. Zweimal hab ich schon gelegen. Denn ich hab Hunger. Und davon wankt der Boden. Wankt so wunderhübsch gelb von der Welle Welt. Wankt von der Hungerwelt. Wankt so welthungrig und straßenbahngelb.

Eben hat einer zu mir gesagt: Guten Tag, Herr Fischer. Bin ich Herr Fischer? Kann ich Herr Fischer sein, einfach wieder Herr Fischer? Ich war doch Leutnant Fischer. Kann ich denn wieder Herr Fischer sein? Bin ich Herr Fischer? Guten Tag, hat der gesagt. Aber der weiß nicht, daß ich Leutnant Fischer war. Einen guten Tag hat er gewünscht – für Leutnant Fischer gibt es keine guten Tage mehr. Das hat er nicht gewußt.

Und Herr Fischer geht die Straße lang. Die lange Straße lang. Die ist grau. Er will zur Straßenbahn. Die ist gelb. So wunderhübsch gelb. Links zwei, Herr Fischer. Links zwei drei vier. Herr Fischer hat Hunger. Er hält nicht mehr Schritt. Er will doch noch mit, denn die Straßenbahn ist so wunderhübsch gelb in dem Grau. Zweimal hat Herr Fischer schon gelegen. Aber Leutnant Fischer kommandiert: Links zwei drei vier, vorwärts, Herr Fischer! Weiter, Herr Fischer! Schneidig, Herr Fischer, kommandiert Leutnant Fischer. Und Herr Fischer marschiert die graue Straße lang, die graue graue lange Straße lang. Die Mülleimerallee. Das Aschkastenspalier. Das Rinnsteinglacis. Die Champs-Ruinés. Den Muttschuttschlaginduttbroadway. Die Trümmerparade. Und Leutnant Fischer kommandiert. Links zwei links zwei. Und Herr Fischer Herr Fischer marschiert, links zwei links zwei links zwei links vorbei vorbei vorbei – – – –

Das kleine Mädchen hat Beine, die sind wie Finger so dünn. Wie Finger im Winter. So dünn und so rot und so blau und so dünn. Links zwei drei vier machen die Beine. Das kleine Mädchen sagt immerzu und Herr Fischer marschiert nebenan das sagt immerzu: Lieber Gott, gib mir Suppe. Lieber Gott, gib mir Suppe. Ein Löffelchen nur. Ein Löffelchen nur. Ein Löffelchen nur. Die Mutter hat Haare, die sind schon tot. Lange schon tot. Die Mutter sagt: Der liebe Gott kann dir keine Suppe geben, er kann es doch nicht. Warum kann der liebe Gott mir keine Suppe geben? Er hat doch keinen Löffel. Den hat er nicht. Das kleine Mädchen geht auf seinen Fingerbeinen, den dünnen blauen Winterbeinen, neben der Mutter. Herr Fischer geht nebenan. Von der Mutter sind die Haare schon tot. Sie sind schon ganz fremd um den Kopf. Und das kleine Mädchen tanzt rundherum um die Mutter herum um Herrn Fischer herum rundherum: Er hat ja keinen Löffel. Er hat ja keinen

Löffel. Er hat ja keinen nicht mal einen hat ja keinen Löffel. So tanzt das kleine Mädchen rundherum. Und Herr Fischer marschiert hinteran. Wankt nebenan auf der Welle Welt. Wankt von der Welle Welt. Aber Leutnant Fischer kommandiert: Links zwei juppvorbei schneidig, Herr Fischer, links zwei und das kleine Mädchen singt dabei: Er hat ja keinen Löffel. Er hat ja keinen Löffel. Und zweimal hat Herr Fischer schon gelegen. Vor Hunger gelegen. Er hat ja keinen Löffel. Und der andere kommandiert: Juppheidi juppheidi die Infantrie die Infantrie die Infantrie – – – –

57 haben sie bei Woronesch begraben. Ich bin Leutnant Fischer. Mich haben sie vergessen. Ich war noch nicht ganz tot. Zweimal hab ich schon gelegen. Jetzt bin ich Herr Fischer. Ich bin 25 Jahre alt. 25 mal 57. Und die haben sie bei Woronesch begraben. Nur ich, ich, ich bin noch unterwegs. Ich muß die Straßenbahn noch kriegen. Hunger hab ich. Aber der liebe Gott hat keinen Löffel. Er hat ja keinen Löffel. Ich bin 25 mal 57. Mein Vater hat mich verraten und meine Mutter hat mich ausgestoßen aus sich. Sie hat mich allein geschrien. So furchtbar allein. So allein. Jetzt gehe ich die lange Straße lang. Die wankt von der Welle Welt. Aber immer spielt einer Klavier. Immer spielt einer Klavier. Als mein Vater meine Mutter sah – spielte einer Klavier. Als ich Geburtstag hatte – spielte einer Klavier. Bei der Heldengedenkfeier in der Schule – spielte einer Klavier. Als wir dann selbst Helden werden durften, als es den Krieg gab – spielte einer Klavier. Im Lazarett – spielte dann einer Klavier. Als der Krieg aus war – spielte immer noch einer Klavier. Immer spielt einer. Immer spielt einer Klavier. Die ganze lange Straße lang.

Die Lokomotive tutet. Timm sagt, sie weint. Wenn man

hochkuckt, zittern die Sterne. Immerzu tutet die Lokomotive. Aber Timm sagt, sie weint. Immerzu. Die ganze Nacht. Die ganze lange Nacht nun schon. Sie weint, das tut einem im Magen weh, wenn sie so weint, sagt Timm. Sie weint wie Kinder, sagt er. Wir haben einen Wagen mit Holz. Das riecht wie Wald. Unser Wagen hat kein Dach. Die Sterne zittern, wenn man hochkuckt. Da tutet sie wieder. Hörst du? sagt Timm, sie weint wieder. Ich versteh nicht, warum die Lokomotive weint. Timm sagt es. Wie Kinder, sagt er. Timm sagt, ich hätte den Alten nicht vom Wagen schubsen sollen. Ich hab den Alten nicht vom Wagen geschubst. Du hättest es nicht tun sollen, sagt Timm. Ich hab es nicht getan. Sie weint, hörst du, wie sie weint, sagt Timm, du hättest es nicht tun sollen. Ich hab den Alten nicht vom Wagen geschubst. Sie weint nicht. Sie tutet. Lokomotiven tuten. Sie weint, sagt Timm. Er ist von selbst vom Wagen gefallen. Ganz von selbst, der Alte. Er hat gepennt, Timm, gepennt hat er, sag ich dir. Da ist er von selbst vom Wagen gefallen. Du hättest es nicht tun sollen. Sie weint. Die ganze Nacht nun schon. Timm sagt, man soll keine alten Männer vom Wagen schubsen. Ich hab es nicht getan. Er hat gepennt. Du hättest es nicht tun sollen, sagt Timm. Timm sagt, er hat in Rußland mal einen Alten in den Hintern getreten. Weil er so langsam war. Und er nahm immer so wenig auf einmal. Sie waren beim Munitionsschleppen. Da hat Timm den Alten in den Hintern getreten. Da hat der Alte sich umgedreht. Ganz langsam, sagt Timm, und er hat ihn ganz traurig angekuckt. Gar nichts weiter. Aber er hat ein Gesicht gehabt wie sein Vater. Genau wie sein Vater. Das sagt Timm. Die Lokomotive tutet. Manchmal hört es sich an, als ob sie schreit. Timm meint sogar, sie weint. Vielleicht hat Timm recht. Aber ich hab den Alten nicht vom Wagen geschubst. Er hat gepennt. Da ist er von selbst. Es rüttelt ja ziemlich auf den Schienen. Wenn man hochkuckt, zittern die Sterne. Der Wagen wankt von der Welle Welt. Sie tutet. Schrein tut sie. Schrein, daß die Sterne zittern. Von der Welle Welt.

Aber ich bin noch unterwegs. Zwei drei vier. Zur Straßenbahn. Zweimal hab ich schon gelegen. Der Boden wankt von der Welle Welt. Wegen dem Hunger. Aber ich bin unterwegs. Ich bin schon so lange so lange unterwegs. Die lange Straße lang. Die Straße.

Der kleine Junge hält die Hände auf. Ich soll die Nägel holen. Der Schmied zählt die Nägel. Drei Mann? fragt er. Vati sagt, für drei Mann.

Die Nägel fallen in die Hände. Der Schmied hat dicke breite Finger. Der kleine Junge ganz dünne, die sich biegen von den großen Nägeln.

Ist der, der sagt, er ist Gottes Sohn, auch dabei?

Der kleine Junge nickt.

Sagt er immer noch, daß er Gottes Sohn ist?

Der kleine Junge nickt. Der Schmied nimmt die Nägel noch mal. Dann läßt er sie wieder in die Hände fallen. Die kleinen Hände biegen sich davon. Dann sagt der Schmied: Na ja.

Der kleine Junge geht weg. Die Nägel sind schön blank. Der kleine Junge läuft. Da machen die Nägel ein Geräusch. Der Schmied nimmt den Hammer. Na ja, sagt der Schmied. Dann hört der kleine Junge hinter sich: Pink Pank Pink Pank. Er schlägt wieder, denkt der kleine Junge. Nägel macht er, viele blanke Nägel.

57 haben sie bei Woronesch begraben. Ich bin über. Aber

ich hab Hunger. Mein Reich ist von dieser dieser Welt. Und der Schmied hat die Nägel umsonst gemacht, juppheidi, umsonst gemacht, die Infantrie, umsonst die schönen blanken Nägel. Denn 57 haben sie bei Woronesch begraben. Pink Pank macht der Schmied. Pink Pank bei Woronesch. Pink Pank. 57mal Pink Pank. Pink Pank macht der Schmied. Pink Pank macht die Infantrie. Pink Pank machen die Kanonen. Und das Klavier spielt immerzu Pink Pank Pink Pank Pink Pank ----

57 kommen jede Nacht nach Deutschland. 9 Autoschlosser, 2 Gärtner, 5 Beamte, 6 Verkäufer, 1 Friseur, 17 Bauern, 2 Lehrer, 1 Pastor, 6 Arbeiter, 1 Musiker, 7 Schuljungen. 57 kommen jede Nacht an mein Bett, 57 fragen jede Nacht: Wo ist deine Kompanie? Bei Woronesch, sag ich dann. Begraben, sag ich dann. Bei Woronesch begraben. 57 fragen Mann für Mann: Warum? Und 57mal bleib ich stumm.

57 gehen nachts zu ihrem Vater. 57 und Leutnant Fischer. Leutnant Fischer bin ich. 57 fragen nachts ihren Vater: Vater, warum? und der Vater bleibt 57mal stumm. Und er friert in seinem Hemd. Aber er kommt mit.

57 gehen nachts zum Ortsvorsteher. 57 und der Vater und ich. 57 fragen nachts den Ortsvorsteher: Ortsvorsteher, warum? Und der Ortsvorsteher bleibt 57mal stumm. Und er friert in seinem Hemd. Aber er kommt mit.

57 gehen nachts zum Pfarrer. 57 und der Vater und der Ortsvorsteher und ich. 57 fragen nachts den Pfarrer: Pfarrer, warum? Und der Pfarrer bleibt 57mal stumm. Und er friert in seinem Hemd. Aber er kommt mit.

57 gehen nachts zum Schulmeister. 57 und der Vater und der Ortsvorsteher und der Pfarrer und ich. 57 fragen nachts den Schulmeister: Schulmeister, warum? Und der Schul-

meister bleibt 57mal stumm. Und er friert in seinem Hemd. Aber er kommt mit.

57 gehen nachts zum General. 57 und der Vater und der Ortsvorsteher und der Pfarrer und der Schulmeister und ich. 57 fragen nachts den General: General, warum? Und der General – der General dreht sich nicht einmal rum. Da bringt der Vater ihn um. Und der Pfarrer? Der Pfarrer bleibt stumm.

57 gehen nachts zum Minister. 57 und der Vater und der Ortsvorsteher und der Pfarrer und der Schulmeister und ich. 57 fragen nachts den Minister: Minister, warum? Da hat der Minister sich sehr erschreckt. Er hatte sich so schön hinterm Sektkorb versteckt, hinterm Sekt. Und da hebt er sein Glas und prostet nach Süden und Norden und Westen und Osten. Und dann sagt er: Deutschland, Kameraden, Deutschland! Darum! Da sehen die 57 sich um. Stumm. So lange und stumm. Und sie sehen nach Süden und Norden und Westen und Osten. Und dann fragen sie leise: Deutschland? Darum? Dann drehen die 57 sich rum. Und sehen sich niemals mehr um. 57 legen sich bei Woronesch wieder ins Grab. Sie haben alte arme Gesichter. Wie Frauen. Wie Mütter. Und sie sagen die Ewigkeit durch: Darum? Darum? Darum?

57 haben sie bei Woronesch begraben. Ich bin über. Ich bin Leutnant Fischer. Ich bin 25. Ich will noch zur Straßenbahn. Ich will mit. Ich bin schon lange lange unterwegs. Nur Hunger hab ich. Aber ich muß. 57 fragen: Warum? Und ich bin über. Und ich bin schon so lange die lange lange Straße unterwegs.

Unterwegs. Ein Mann. Herr Fischer. Ich bin es. Leutnant steht drüben und kommandiert: Links zwei drei vier links zwei drei vier zickezacke juppheidi zwei drei vier links zwei drei vier die Infantrie die Infantrie pink pank pink pank drei vier pink pank drei vier pink pank pink pank die lange Straße lang pink pank immer lang immer rum warum warum warum pink pank pink pank bei Woronesch darum bei Woronesch darum pink pank die lange lange Straße lang. Ein Mensch. 25. Ich. Die Straße. Die lange lange. Ich. Haus Haus Haus Wand Wand Milchgeschäft Vorgarten Kuhgeruch Haustür.

Zahnarzt
Sonnabends nur nach Vereinbarung

Wand Wand Wand

Hilde Bauer ist doof

Leutnant Fischer ist dumm. 57 fragen: warum. Wand Wand Tür Fenster Glas Glas Glas Laterne alte Frau rote rote Augen Bratkartoffelgeruch Haus Haus Klavierunterricht pink pank die ganze Straße lang die Nägel sind so blank Kanonen sind so lang pink pank die ganze Straße lang Kind Kind Hund Ball Auto Pflasterstein Pflasterstein Kopfsteinköpfe Köpfe pink pank Stein Stein grau grau violett Benzinfleck grau grau die lange lange Straße lang Stein Stein grau blau flau flau so grau Wand Wand grüne Emaille

Schlechte Augen schnell behoben
Optiker Terboben
Im 2. Stockwerk oben

Wand Wand Wand Stein Hund Hund hebt Bein Baum Seele Hundetraum Auto hupt noch Hund pupt doch Pflaster rot Hund tot Hund tot Hund tot Wand Wand Wand die lange Straße lang Fenster Wand Fenster Fenster Fenster Lampen Leute Licht Männer immer noch Männer blanke Gesichter wie Nägel so blank so wunderhübsch blank – – – –

Vor hundert Jahren spielten sie Skat. Vor hundert Jahren spielten sie schon. Und jetzt jetzt spielen sie noch. Und in hundert Jahren dann spielen sie auch immer noch. Immer noch Skat. Die drei Männer. Mit blanken biederen Gesichtern.

Passe.

Karl, sag mehr.

Ich passe auch.

Also dann – – ihr habt gemauert, meine Herren.

Du hättest ja auch passen können, dann hätten wir einen schönen Ramsch gehabt.

Man los. Man los. Wie heißt er?

Das Kreuz ist heilig. Wer spielt aus?

Immer der fragt.

Einmal hat es die Mutter erlaubt. Und noch mal Trumpf!

Was, Karl, du hast kein Kreuz mehr?

Diesmal nicht.

Na, dann wollen wir mal auf die Dörfer gehen. Ein Herz hat jeder.

Trumpf! Nun wimmel, Karl, was du bei der Seele hast. Achtundzwanzig.

Und noch einmal Trumpf!

Vor hundert Jahren spielten sie schon. Spielten sie Skat. Und in hundert Jahren, dann spielen sie noch. Spielen sie immer noch Skat mit blanken biederen Gesichtern. Und wenn sie ihre Fäuste auf den Tisch donnern lassen, dann donnert es. Wie Kanonen. Wie 57 Kanonen.

Aber ein Fenster weiter sitzt eine Mutter. Die hat drei Bilder vor sich. Drei Männer in Uniform. Links steht ihr Mann. Rechts steht ihr Sohn. Und in der Mitte steht der General. Der General von ihrem Mann und ihrem Sohn.

Und wenn die Mutter abends zu Bett geht, dann stellt sie die Bilder, daß sie sie sieht, wenn sie liegt. Den Sohn. Und den Mann. Und in der Mitte den General. Und dann liest sie die Briefe, die der General schrieb. 1917. Für Deutschland. – steht auf dem einen. 1940. Für Deutschland. – steht auf dem anderen. Mehr liest die Mutter nicht. Ihre Augen sind ganz rot. Sind so rot.

Aber ich bin über. Juppheidi. Für Deutschland. Ich bin noch unterwegs. Zur Straßenbahn. Zweimal hab ich schon gelegen. Wegen dem Hunger. Juppheidi. Aber ich muß hin. Der Leutnant kommandiert. Ich bin schon unterwegs. Schon lange lange unterwegs.

Da steht ein Mann in einer dunklen Ecke. Immer stehen Männer in den dunklen Ecken. Immer stehn dunkle Männer in den Ecken. Einer steht da und hält einen Kasten und einen Hut. Pyramidon! bellt der Mann. Pyramidon! 20 Tabletten genügen. Der Mann grinst, denn das Geschäft geht gut. Das Geschäft geht so gut. 57 Frauen, rotäugige Frauen, die kaufen Pyramidon. Mach eine Null dran. 570. Noch eine und noch eine. 57000. Und noch und noch und noch. 57000000. Das Geschäft geht gut. Der Mann bellt: Pyramidon. Er grinst, der Laden floriert: 57 Frauen, rotäugige Frauen, die kaufen Pyramidon. Der Kasten wird leer. Und der Hut wird voll. Und der Mann grinst. Er kann gut grinsen. Er hat keine Augen. Er ist glücklich: Er hat keine Augen. Er sieht die Frauen nicht. Sieht die 57 Frauen nicht. Die 57 rotäugigen Frauen.

Nur ich bin über. Aber ich bin schon unterwegs. Und die Straße ist lang. So fürchterlich lang. Aber ich will zur Straßenbahn. Ich bin schon unterwegs. Schon lange lange unterwegs.

In einem Zimmer sitzt ein Mann. Der Mann schreibt mit Tinte auf weißem Papier. Und er sagt in das Zimmer hinein:

Auf dem Braun der Ackerkrume
weht hellgrün ein Gras.
Eine blaue Blume
ist vom Morgen naß.

Er schreibt es auf das weiße Papier. Er liest es ins leere Zimmer hinein. Er streicht es mit Tinte wieder durch. Er sagt in das Zimmer hinein:

Auf dem Braun der Ackerkrume
weht hellgrün ein Gras.
Eine blaue Blume
lindert allen Haß.

Der Mann schreibt es hin. Er liest es in das leere Zimmer hinein. Er streicht es wieder durch. Dann sagt er in das Zimmer hinein:

Auf dem Braun der Ackerkrume
weht hellgrün ein Gras.
Eine blaue Blume –
Eine blaue Blume –
Eine blaue –

Der Mann steht auf. Er geht um den Tisch herum. Immer um den Tisch herum. Er bleibt stehen:

Eine blaue –
Eine blaue –
Auf dem Braun der Ackerkrume –

Der Mann geht immer um den Tisch herum.

57 haben sie bei Woronesch begraben. Aber die Erde war grau. Und wie Stein. Und da weht kein hellgrünes Gras. Schnee war da. Und der war wie Glas. Und ohne blaue Blume. Millionenmal Schnee. Und keine blaue Blume. Aber der Mann in dem Zimmer weiß das nicht. Er weiß es nie. Er sieht immer die blaue Blume. Überall die blaue Blume. Und dabei haben sie 57 bei Woronesch begraben. Unter glasigem Schnee. Im grauen gräulichen Sand. Ohne Grün. Und ohne Blau. Der Sand war eisig und grau. Und der Schnee war wie Glas. Und der Schnee lindert keinen Haß. Denn 57 haben sie bei Woronesch begraben. 57 begraben. Bei Woronesch begraben.

Das ist noch gar nichts, das ist ja noch gar nichts! sagt der Obergefreite mit der Krücke. Und er legt die Krücke über seine Fußspitze und zielt. Er kneift das eine Auge klein und zielt mit der Krücke über die Fußspitze. Das ist noch gar nichts, sagt er. 86 Iwans haben wir die eine Nacht geschafft. 86 Iwans. Mit einem M. G., mein Lieber, mit einem einzigen M. G. in einer Nacht. Am andern Morgen haben wir sie gezählt. Übereinander lagen sie. 86 Iwans. Einige hatten das Maul noch offen. Viele auch die Augen. Ja, viele hatten die Augen noch offen. In einer Nacht, mein Lieber. Der Obergefreite zielt mit seiner Krücke auf die alte Frau, die ihm auf der Bank gegenübersitzt. Er zielt auf die eine alte Frau und er trifft 86 alte Frauen. Aber die wohnen in Rußland. Davon weiß er nichts. Es ist gut, daß er das nicht weiß. Was sollte er sonst wohl machen? Jetzt, wo es Abend wird?

Nur ich weiß es. Ich bin Leutnant Fischer. 57 haben sie bei Woronesch begraben. Aber ich war nicht ganz tot. Ich bin noch unterwegs. Zweimal hab ich schon gelegen. Vom Hunger. Denn der liebe Gott hat ja keinen Löffel. Aber ich will auf jeden Fall zur Straßenbahn. Wenn nur die Straße nicht so voller Mütter wäre. 57 haben sie bei Woronesch begraben. Und der Obergefreite hat am anderen Morgen 86 Iwans gezählt. Und 86 Mütter schießt er mit seiner Krücke tot. Aber er weiß es nicht, das ist gut. Wo sollte er sonst wohl hin. Denn der liebe Gott hat ja keinen Löffel. Es ist gut, wenn die Dichter die blauen Blumen blühen lassen. Es ist gut, wenn immer einer Klavier spielt. Es ist gut, wenn sie Skat spielen. Immer spielen sie Skat. Wo sollten sie sonst wohl hin, die alte Frau mit den drei Bildern am Bett, der Obergefreite mit den Krücken und den 86 toten Iwans, die Mutter mit dem kleinen Mädchen, das Suppe haben will, und Timm, der den alten Mann getreten hat? Wo sollten sie sonst wohl hin?

Aber ich muß die lange lange Straße lang. Lang. Wand Wand Tür Laterne Wand Wand Fenster Wand Wand und buntes Papier buntes bedrucktes Papier.

Sind Sie schon versichert?
Sie machen sich und Ihrer Familie
eine Weihnachtsfreude
mit einer Eintrittserklärung in die
URANIA LEBENSVERSICHERUNG

57 haben ihr Leben nicht richtig versichert. Und die 86 toten Iwans auch nicht. Und sie haben ihren Familien keine Weihnachtsfreude gemacht. Rote Augen haben sie ihren

Familien gemacht. Weiter nichts, rote Augen. Warum waren sie auch nicht auch nicht in der Urania Lebensversicherung? Und ich kann mich nun mit den roten Augen herumschlagen. Überall die roten rotgeweinten rotgeschluchzten Augen. Die Mutteraugen, die Frauenaugen. Überall die roten rotgeweinten Augen. Warum haben sich die 57 nicht versichern lassen? Nein, sie haben ihren Familien keine Weihnachtsfreude gemacht. Rote Augen. Nur rote Augen. Und dabei steht es doch auf tausend bunten Plakaten: Urania Lebensversicherung Urania Lebensversicherung – –

Evelyn steht in der Sonne und singt. Die Sonne ist bei Evelyn. Man sieht durch das Kleid die Beine und alles. Und Evelyn singt. Durch die Nase singt sie ein wenig und heiser singt sie bißchen. Sie hat heute nacht zu lange im Regen gestanden. Und sie singt, daß mir heiß wird, wenn ich die Augen zumach. Und wenn ich sie aufmach, dann seh ich die Beine bis oben und alles. Und Evelyn singt, daß mir die Augen verschwimmen. Sie singt den süßen Weltuntergang. Die Nacht singt sie und Schnaps, den gefährlich kratzenden Schnaps voll wundem Weltgestöhn. Das Ende singt Evelyn, das Weltende, süß und zwischen nackten schmalen Mädchenbeinen: heiliger himmlischer heißer Weltuntergang. Ach, Evelyn singt wie nasses Gras, so schwer von Geruch und Wollust und so grün. So dunkelgrün, so grün wie leere Bierflaschen neben den Bänken, auf denen Evelyns Knie abends mondblaß aus dem Kleid raussehen, daß mir heiß wird.

Sing, Evelyn, sing mich tot. Sing den süßen Weltuntergang, sing einen kratzenden Schnaps, sing einen grasgrünen Rausch. Und Evelyn drückt meine graskalte Hand zwischen die mondblassen Knie, daß mir heiß wird.

Und Evelyn singt. Komm lieber Mai und mache, singt Evelyn und hält meine graskalte Hand mit den Knien. Komm lieber Mai und mache die Gräber wieder grün. Das singt Evelyn. Komm lieber Mai und mache die Schlachtfelder bierflaschengrün und mache den Schutt, den riesigen Schuttacker grün wie mein Lied, wie mein schnapssüßes Untergangslied. Und Evelyn singt auf der Bank ein heiseres hektisches Lied, daß mir kalt wird. Komm lieber Mai und mache die Augen wieder blank, singt Evelyn und hält meine Hand mit den Knien. Sing, Evelyn, sing mich zurück unters bierflaschengrüne Gras, wo ich Sand war und Lehm war und Land war. Sing, Evelyn, sing und sing mich über die Schuttäcker und über die Schlachtfelder und über das Massengrab rüber in deinen süßen heißen mädchenheimlichen Mondrausch. Sing, Evelyn, sing, wenn die tausend Kompanien durch die Nächte marschieren, dann sing, wenn die tausend Kanonen die Äcker pflügen und düngen mit Blut. Sing, Evelyn, sing, wenn die Wände die Uhren und Bilder verlieren, dann sing mich in schnapsgrünen Rausch und in deinen süßen Weltuntergang. Sing, Evelyn, sing mich in dein Mädchendasein hinein, in dein heimliches, nächtliches Mädchengefühl, das so süß ist, daß mir heiß wird, wieder heiß wird von Leben. Komm lieber Mai und mache das Gras wieder grün, so bierflaschengrün, so evelyngrün. Sing, Evelyn!

Aber das Mädchen, das singt nicht. Das Mädchen, das zählt, denn das Mädchen hat einen runden Bauch. Ihr Bauch ist etwas zu rund. Und nun muß sie die ganze Nacht am Bahnsteig stehen, weil einer von den 57 nicht versichert war. Und nun zählt sie die ganze Nacht die Waggons. Eine Lokomotive hat 18 Räder. Ein Personenwagen 8. Ein Güterwagen 4. Das Mädchen mit dem runden Bauch zählt die Waggons und die Räder – die Räder die Räder die Räder – – – – – 78, sagt sie einmal, das ist schon ganz schön. 62, sagt sie dann, das reicht womöglich nicht. 110, sagt sie, das reicht. Dann läßt sie sich fallen und fällt vor den Zug. Der Zug hat eine Lokomotive, 6 Personenwagen und fünf Güterwagen. Das sind 86 Räder. Das reicht. Das Mädchen mit dem runden Bauch ist nicht mehr da, als der Zug mit seinen 86 Rädern vorbei ist. Sie ist einfach nicht mehr da. Kein bißchen. Kein einziges kleines bißchen ist mehr von ihr da. Sie hatte keine blaue Blume und keiner spielte für sie Klavier und keiner mit ihr Skat. Und der liebe Gott hatte keinen Löffel für sie. Aber die Eisenbahn hatte die vielen schönen Räder. Wo sollte sie sonst auch hin? Was sollte sie sonst wohl tun? Denn der liebe Gott hatte nicht mal einen Löffel. Und nun ist von ihr nichts mehr über, gar nichts mehr über.

Nur ich. Ich bin noch unterwegs. Noch immer unterwegs. Schon lange, so lang schon lang schon unterwegs. Die Straße ist lang. Ich komm die Straße und den Hunger nicht entlang. Sie sind beide so lang.

Hin und wieder schrein sie los. Links auf dem Fußballplatz. Rechts in dem großen Haus. Da schrein sie manchmal los. Und die Straße geht da mitten durch. Auf der Straße geh ich. Ich bin Leutnant Fischer. Ich bin 25. Ich hab Hunger. Ich komm schon von Woronesch. Ich bin schon lange unterwegs. Links ist der Fußballplatz. Und rechts das große Haus. Da sitzen sie drin. 1000. 2000. 3000. Und keiner sagt ein Wort. Vorne machen sie Musik. Und einige singen. Und die 3000 sagen kein Wort. Sie sind sauber gewaschen. Sie haben ihre Haare geordnet und reine Hemden haben sie an. So sitzen sie da in dem großen Haus und lassen sich erschüttern. Oder erbauen. Oder unterhalten. Das kann man nicht unterscheiden. Sie sitzen und lassen sich sauber gewaschen erschüttern. Aber sie wissen nicht, daß ich Hunger hab. Das wissen sie nicht. Und daß ich hier an der Mauer steh – ich, der von Woronesch, der auf der langen Straße mit dem langen Hunger unterwegs ist, schon so lange unterwegs ist – daß ich hier an der Mauer steh, weil ich vor Hunger vor Hunger nicht weiter kann. Aber das können sie ja nicht wissen. Die Wand, die dicke dumme Wand ist ja dazwischen. Und davor steh ich mit wackligen Knien – und dahinter sind sie in sauberer Wäsche und lassen sich Sonntag für Sonntag erschüttern. Für zehn Mark lassen sie sich die Seele umwühlen und den Magen umdrehen und die Nerven betäuben. Zehn Mark, das ist so furchtbar viel Geld. Für meinen Bauch ist das furchtbar viel Geld. Aber dafür steht auch das Wort PASSION auf den Karten, die sie für zehn Mark bekommen. MATTHÄUS-PASSION. Aber wenn der große Chor dann BARRABAS schreit, BARRABAS blutdurstig blutrünstig schreit, dann fallen sie nicht von den Bänken, die Tausend in sauberen Hemden. Nein und sie weinen auch nicht und beten auch nicht und man sieht ihren Gesichtern, sieht ihren Seelen eigentlich gar nicht viel an, wenn der große Chor BARRABAS schreit. Auf den Billetts steht für zehn Mark MATTHÄUS-PASSION. Man kann bei der Passion ganz vorne sitzen, wo die Passion recht laut erlitten wird, oder etwas weiter hinten, wo nur noch gedämpft gelitten wird. Aber das ist egal. Ihren Gesichtern sieht man nichts an, wenn der große Chor BARRABAS schreit. Alle beherrschen sich gut bei der Passion. Keine Frisur geht in Unordnung vor Not und vor Qual. Nein,

Not und Qual, die werden ja nur da vorne gesungen und gegeigt, für zehn Mark vormusiziert. Und die BARRABAS-Schreier, die tun ja nur so, die werden ja schließlich fürs Schreien bezahlt. Und der große Chor schreit BARRABAS. MUTTER! schreit Leutnant Fischer auf der endlosen Straße. Leutnant Fischer bin ich. BARRABAS! schreit der große Chor der Saubergewaschenen. HUNGER! bellt der Bauch von Leutnant Fischer. Leutnant Fischer bin ich. TOR! schreien die Tausend auf dem Fußballplatz. BARRABAS! schreien sie links von der Straße. TOR schreien sie rechts von der Straße. WORONESCH! schrei ich dazwischen. Aber die Tausend schrein gegenan. BARRABAS! schrein sie rechts. TOR! schrein sie links. PASSION spielen sie rechts. FUSSBALL spielen sie links. Ich steh dazwischen. Ich. Leutnant Fischer. 25 Jahre jung. 57 Millionen Jahre alt. Woronesch-Jahre. Mütter-Jahre. 57 Millionen Straßen-Jahre alt. Woronesch-Jahre. Und rechts schrein sie BARRABAS. Und links schrein sie TOR. Und dazwischen steh ich ohne Mutter allein. Auf der wankenden Welle Welt ohne Mutter allein. Ich bin 25. Ich kenne die 57, die sie bei Woronesch begraben haben, die 57, die nichts wußten, die nicht wollten, die kenn ich Tag und Nacht. Und ich kenne die 86 Iwans, die morgens mit offenen Augen und Mäulern vor dem Maschinengewehr lagen. Ich kenne das kleine Mädchen, das keine Suppe hat, und ich kenne den Obergefreiten mit den Krücken. BARRABAS schrein sie rechts für zehn Mark den Saubergewaschenen ins Ohr. Aber ich kenne die alte Frau mit den drei Bildern am Bett und das Mädchen mit dem runden Bauch, das unter die Eisenbahn sprang. TOR! schrein sie links, tausendmal TOR! Aber ich kenne Timm, der nicht schlafen kann, weil er den alten Mann getreten hat, und ich kenne die 57 rotäugigen Frauen, die bei dem blinden Mann Pyramidon einkaufen. PYRAMIDON steht für 2 Mark auf der kleinen Schachtel. PASSION steht auf den Eintrittskarten rechts von der Straße, für 10 Mark PASSION. POKALSPIEL steht auf den blauen, den blumenblauen Billetts für 4 Mark auf der linken Seite der Straße. BARRABAS! schrein sie rechts. TOR! schrein sie links. Und immer bellt der blinde Mann: PYRAMIDON! Dazwischen steh ich ganz allein, ohne Mutter allein, auf der Welle, der wankenden Welle Welt allein. Mit meinem bellenden Hunger! Und ich kenne die 57 von Woronesch. Ich bin Leutnant Fischer. Ich bin 25. Die anderen schrein TOR und BARRABAS im großen Chor. Nur ich bin über. Bin so furchtbar über. Aber es ist gut, daß die Saubergewaschenen die 57 von Woronesch nicht kennen. Wie sollten sie es sonst wohl aushalten bei Passion und Pokalspiel. Nur ich bin noch unterwegs. Von Woronesch her. Mit Hunger schon lange lange unterwegs. Denn ich bin über. Die andern haben sie bei Woronesch begraben. 57. Nur mich haben sie vergessen. Warum haben sie mich bloß vergessen? Nun hab ich nur noch die Wand. Die hält mich. Da muß ich entlang. TOR! schrein sie hinter mir her. BARRABAS! schrein sie hinter mir her. Die lange lange Straße entlang. Und ich kann schon lange nicht mehr. Ich kann schon so lange nicht mehr. Und ich hab nur noch die Wand, denn meine Mutter ist nicht da. Nur die 57 sind da. Die 57 Millionen rotäugigen Mütter, die sind so furchtbar hinter mir her. Die Straße entlang. Aber Leutnant Fischer kommandiert: Links zwei drei vier links zwei drei vier zickezacke BARRABAS die blaue Blume ist so naß von Tränen und von Blut zicke zacke juppheidi begraben ist die Infantrie unterm Fußballplatz unterm Fußballplatz.

Ich kann schon lange nicht mehr, aber der alte Leierkastenmann macht so schneidige Musik. Freut euch des Lebens, singt der alte Mann die Straße lang. Freut euch, ihr bei Woronesch, juppheidi, so freut euch doch solange noch die blaue Blume blüht freut euch des Lebens solange noch der Leierkasten läuft – – – –

Der alte Mann singt wie ein Sarg. So leise. Freut euch! singt er, solange noch, singt er, so leise, so nach Grab, so wurmig, so erdig, so nach Woronesch singt er, freut euch solange noch das Lämpchen Schwindel glüht! Solange noch die Windel blüht!

Ich bin Leutnant Fischer! schrei ich. Ich bin über. Ich bin schon lange die lange Straße unterwegs. Und 57 haben sie bei Woronesch begraben. Die kenn ich.

Freut euch, singt der Leierkastenmann.

Ich bin 25, schrei ich.

Freut euch, singt der Leierkastenmann.

Ich hab Hunger, schrei ich.

Freut euch, singt er, und die bunten Hampelmänner an seiner Orgel schaukeln. Schöne bunte Hampelmänner hat der Leierkastenmann. Viele schöne hampelige Männer. Einen Boxer hat der Leierkastenmann. Der Boxer schwenkt die dicken dummen Fäuste und ruft: Ich boxe! Und er bewegt sich meisterlich. Einen fetten Mann hat der Leierkastenmann. Mit einem dicken dummen Sack voll Geld. Ich regiere, ruft der fette Mann und er bewegt sich meisterlich. Einen General hat der Leierkastenmann. Mit einer dicken dummen Uniform. Ich kommandiere, ruft er immerzu, ich kommandiere! Und er bewegt sich meisterlich. Und einen Dr. Faust hat der Leierkastenmann mit einem weißen weißen Kittel und einer schwarzen Brille. Und der ruft nicht und schreit nicht. Aber er bewegt sich fürchterlich so fürchterlich.

Freut euch, singt der Leierkastenmann, und seine Hampelmänner schaukeln. Schaukeln fürchterlich. Schöne Hampelmänner hast du, Leierkastenmann, sag ich. Freut euch, singt der Leierkastenmann. Aber was macht der Brillenmann, der Brillenmann im weißen Kittel? frag ich. Er ruft nicht, er boxt nicht, er regiert nicht und er kommandiert nicht. Was macht der Mann im weißen Kittel, er bewegt sich, bewegt sich so fürchterlich! Freut euch, singt der Leierkastenmann, er denkt, singt der Leierkastenmann, er denkt und forscht und findet. Was findet er denn, der Brillenmann, denn er bewegt sich so fürchterlich. Freut euch, singt der Leierkastenmann, er erfindet ein Pulver, ein grünes Pulver, ein hoffnungsgrünes Pulver. Was kann man mit dem grünen Pulver machen, Leierkastenmann, denn er bewegt sich fürchterfürchterlich. Freut euch, singt der Leierkastenmann, mit dem hoffnungsgrünen Pulver kann man mit einem Löffelchen voll 100 Millionen Menschen totmachen, wenn man pustet, wenn man hoffnungsvoll pustet. Und der Brillenmann erfindet und erfindet. Freut euch doch solange noch, singt der Leierkastenmann. Er erfindet! schrei ich. Freut euch solange noch, singt der Leierkastenmann, freut euch doch solange noch.

Ich bin Leutnant Fischer. Ich bin 25. Ich hab dem Leierkastenmann den Mann im weißen Kittel weggenommen. Freut euch doch solange noch. Ich hab dem Mann, dem Brillenmann im weißen Kittel, den Kopf abgerissen! Freut euch doch solange noch. Ich hab dem weißen Kittelbrillenmann, dem Grünpulvermann, die Arme abgedreht. Freut euch doch solange noch. Ich hab den Hoffnungsgrünenerfindermann mittendurchgebrochen. Ich hab ihn mittendurchgebrochen. Nun kann er kein Pulver mehr mischen, nun kann er kein Pulver mehr erfinden. Ich hab ihn mittenmittendurchgebrochen.

Warum hast du meinen schönen Hampelmann kaputt gemacht, ruft der Leierkastenmann, er war so klug, er war so weise, er war so faustisch klug und weise und erfinderisch. Warum hast du den Brillenmann kaputt gemacht, warum? fragt mich der Leierkastenmann.

Ich bin 25, schrei ich. Ich bin noch unterwegs, schrei ich. Ich hab Angst, schrei ich. Darum hab ich den Kittelmann kaputt gemacht. Wir wohnen in Hütten aus Holz und aus Hoffnung, schrei ich, aber wir wohnen. Und vor unsern Hütten da wachsen noch Rüben und Rhabarber. Vor unsern Hütten da wachsen Tomaten und Tabak. Wir haben Angst! schrei ich. Wir wollen leben! schrei ich. In Hütten aus Holz und aus Hoffnung! Denn die Tomaten und Tabak, die wachsen doch noch. Die wachsen doch noch. Ich bin 25, schrei ich, darum hab ich den Brillenmann im weißen Kittel umgebracht. Darum hab ich den Pulvermann kaputt gemacht. Darum darum darum – – – –

Freut euch, singt da der Leierkastenmann, so freut euch doch solange noch solange noch solange noch freut euch, singt der Leierkastenmann und nimmt aus seinem furchtbar großen Kasten einen neuen Hampelmann mit einer Brille und mit einem weißen Kittel und mit einem Löffelchen ja Löffelchen voll hoffnungsgrünem Pulver. Freut euch, singt der Leierkastenmann, freut euch solange noch ich hab doch noch so viele viele weiße Männer so furchtbarfurchtbar viele. Aber die bewegen sich so fürchterfürchterlich, schrei ich, und ich bin 25 und ich hab Angst und ich wohne in einer Hütte aus Holz und aus Hoffnung. Und Tomaten und Tabak, die wachsen doch noch.

Freut euch doch solange noch, singt der Leierkastenmann.

Aber er bewegt sich doch so fürchterlich, schrei ich.

Nein, er bewegt sich nicht, er wird er wird doch nur bewegt.

Und wer bewegt ihn denn, wer wer bewegt ihn denn?

Ich, sagt da der Leierkastenmann so fürchterlich, ich!

Ich hab Angst, schrei ich und mach aus meiner Hand eine Faust und schlag sie dem Leierkastenmann dem fürchterlichen Leierkastenmann in das Gesicht. Nein, ich schlag ihn nicht, denn ich kann sein Gesicht das fürchterliche Gesicht nicht finden. Das Gesicht ist so hoch am Hals. Ich kann mit der Faust nicht heran. Und der Leierkastenmann der lacht so fürchterfürchterlich. Doch ich find es nicht ich find es nicht. Denn das Gesicht ist ganz weit weg und lacht so lacht so fürchterlich. Es lacht so fürchterlich!

Durch die Straße läuft ein Mensch. Er hat Angst. Seine Mutter hat ihn allein gelassen. Nun schrein sie so fürchterlich hinter ihm her. Warum? schrein 57 von Woronesch her. Warum? Deutschland, schreit der Minister. Barrabas, schreit der Chor. Pyramidon, ruft der blinde Mann. Und die andern schrein: Tor. Schrein 57mal Tor. Und der Kittelmann, der weiße Brillenkittelmann, bewegt sich so fürchterlich. Und erfindet und erfindet und erfindet. Und das kleine Mädchen hat keinen Löffel. Aber der weiße Mann mit der Brille hat einen. Der reicht gleich für 100 Millionen. Freut euch, singt der Leierkastenmann.

Ein Mensch läuft durch die Straße. Die lange lange Straße lang. Er hat Angst. Er läuft mit seiner Angst durch die

Welt. Durch die wankende Welle Welt. Der Mensch bin ich. Ich bin 25. Und ich bin unterwegs. Bin lange schon und immer noch unterwegs. Ich will zur Straßenbahn. Ich muß mit der Straßenbahn, denn alle sind hinter mir her. Sind furchtbar hinter mir her.

Ein Mensch läuft mit seiner Angst durch die Straße. Der Mensch bin ich. Ein Mensch läuft vor dem Schreien davon. Der Mensch bin ich. Ein Mensch glaubt an Tomaten und Tabak. Der Mensch bin ich. Ein Mensch springt auf die Straßenbahn, die gelbe gute Straßenbahn. Der Mensch bin ich.

Ich fahre mit der Straßenbahn, der guten gelben Straßenbahn. Wo fahren wir hin? frag ich die andern. Zum Fußballplatz? Zur Matthäus-Passion? Zu den Hütten aus Holz und aus Hoffnung mit Tomaten und Tabak? Wo fahren wir hin? frag ich die andern. Da sagt keiner ein Wort. Aber da sitzt eine Frau, die hat drei Bilder im Schoß. Und da sitzen drei Männer beim Skat nebendran. Und da sitzt auch der Krückenmann und das kleine Mädchen ohne Suppe und das Mädchen mit dem runden Bauch. Und einer macht Gedichte. Und einer spielt Klavier. Und 57 marschieren neben der Straßenbahn her. Zickezackejuppheidi schneidig war die Infantrie bei Woronesch heijuppheidi. An der Spitze marschiert Leutnant Fischer. Leutnant Fischer bin ich. Und meine Mutter marschiert hinterher. Marschiert 57 millionenmal hinter mir her. Wohin fahren wir denn, frag ich den Schaffner. Da gibt er mir ein hoffnungsgrünes Billett. Matthäus – Pyramidon steht da drauf. Bezahlen müssen wir alle, sagt er und hält seine Hand auf. Und ich gebe ihm 57 Mann. Aber wohin fahren wir denn? frag ich die andern. Wir müssen doch wissen: wohin? Da sagt Timm: Das wissen wir auch nicht. Das weiß keine Sau. Und alle nicken mit dem Kopf und grummeln: Das weiß keine Sau. Aber wir fahren. Tingeltangel, macht die Klingel der Straßenbahn und keiner weiß wohin. Aber alle fahren mit. Und der Schaffner macht ein unbegreifliches Gesicht. Es ist ein uralter Schaffner mit zehntausend Falten. Man kann nicht erkennen, ob es ein böser oder ein guter Schaffner ist. Aber alle bezahlen bei ihm. Und alle fahren mit. Und keiner weiß: ein guter oder böser. Und keiner weiß: wohin. Tingeltangel, macht die Klingel der Straßenbahn. Und keiner weiß: wohin? Und alle fahren: mit. Und keiner weiß – – – – und keiner weiß – – – – und keiner weiß – – – –

Das Brot

Plötzlich wachte sie auf. Es war halb drei. Sie überlegte, warum sie aufgewacht war. Ach so! In der Küche hatte jemand gegen einen Stuhl gestoßen. Sie horchte nach der Küche. Es war still. Es war zu still und als sie mit der Hand über das Bett neben sich fuhr, fand sie es leer. Das war es, was es so besonders still gemacht hatte: sein Atem fehlte. Sie stand auf und tappte durch die dunkle Wohnung zur Küche. In der Küche trafen sie sich. Die Uhr war halb drei. Sie sah etwas Weißes am Küchenschrank stehen. Sie machte Licht. Sie standen sich im Hemd gegenüber. Nachts. Um halb drei. In der Küche.

Auf dem Küchentisch stand der Brotteller. Sie sah, daß er sich Brot abgeschnitten hatte. Das Messer lag noch neben dem Teller. Und auf der Decke lagen Brotkrümel. Wenn sie abends zu Bett gingen, machte sie immer das Tischtuch sauber. Jeden Abend. Aber nun lagen Krümel auf dem Tuch. Und das Messer lag da. Sie fühlte, wie die Kälte der Fliesen langsam an ihr hochkroch. Und sie sah von dem Teller weg.

»Ich dachte, hier wär was«, sagte er und sah in der Küche umher.

»Ich habe auch was gehört«, antwortete sie und dabei fand sie, daß er nachts im Hemd doch schon recht alt aussah. So alt wie er war. Dreiundsechzig. Tagsüber sah er manchmal jünger aus. Sie sieht doch schon alt aus, dachte er, im Hemd sieht sie doch ziemlich alt aus. Aber das liegt vielleicht an den Haaren. Bei den Frauen liegt das nachts immer an den Haaren. Die machen dann auf einmal so alt.

»Du hättest Schuhe anziehen sollen. So barfuß auf den kalten Fliesen. Du erkältest dich noch.«

Sie sah ihn nicht an, weil sie nicht ertragen konnte, daß er log. Daß er log, nachdem sie neununddreißig Jahre verheiratet waren.

»Ich dachte, hier wäre was«, sagte er noch einmal und sah wieder so sinnlos von einer Ecke in die andere, »ich hörte hier was. Da dachte ich, hier wäre was.«

»Ich hab auch was gehört. Aber es war wohl nichts.« Sie stellte den Teller vom Tisch und schnippte die Krümel von der Decke.

»Nein, es war wohl nichts«, echote er unsicher.

Sie kam ihm zu Hilfe: »Komm man. Das war wohl draußen. Komm man zu Bett. Du erkältest dich noch. Auf den kalten Fliesen.«

Er sah zum Fenster hin. »Ja, das muß wohl draußen gewesen sein. Ich dachte, es wäre hier.«

Sie hob die Hand zum Lichtschalter. Ich muß das Licht jetzt ausmachen, sonst muß ich nach dem Teller sehen, dachte sie. Ich darf doch nicht nach dem Teller sehen. »Komm man«, sagte sie und machte das Licht aus, »das war wohl draußen. Die Dachrinne schlägt immer bei Wind gegen die Wand. Es war sicher die Dachrinne. Bei Wind klappert sie immer.«

Sie tappten sich beide über den dunklen Korridor zum Schlafzimmer. Ihre nackten Füße platschten auf den Fußboden.

»Wind ist ja«, meinte er. »Wind war schon die ganze Nacht.« Als sie im Bett lagen, sagte sie: »Ja, Wind war schon die ganze Nacht. Es war wohl die Dachrinne.«

»Ja, ich dachte, es wäre in der Küche. Es war wohl die

Dachrinne.« Er sagte das, als ob er schon halb im Schlaf wäre.

Aber sie merkte, wie unecht seine Stimme klang, wenn er log. »Es ist kalt«, sagte sie und gähnte leise, »ich krieche unter die Decke. Gute Nacht.«

»Nacht«, antwortete er und noch: »ja, kalt ist es schon ganz schön.«

Dann war es still. Nach vielen Minuten hörte sie, daß er leise und vorsichtig kaute. Sie atmete absichtlich tief und gleichmäßig, damit er nicht merken sollte, daß sie noch wach war. Aber sein Kauen war so regelmäßig, daß sie davon langsam einschlief.

Als er am nächsten Abend nach Hause kam, schob sie ihm vier Scheiben Brot hin. Sonst hatte er immer nur drei essen können.

»Du kannst ruhig vier essen«, sagte sie und ging von der Lampe weg. »Ich kann dieses Brot nicht so recht vertragen. Iß du man eine mehr. Ich vertrag es nicht so gut.«

Sie sah, wie er sich tief über den Teller beugte. Er sah nicht auf. In diesem Augenblick tat er ihr leid.

»Du kannst doch nicht nur zwei Scheiben essen«, sagte er auf seinen Teller.

»Doch. Abends vertrag ich das Brot nicht gut. Iß man. Iß man.«

Erst nach einer Weile setzte sie sich unter die Lampe an den Tisch.

Alle Milchgeschäfte heißen Hinsch

Alle Milchgeschäfte heißen Hinsch. Hinschens sind blond, riechen satt und gesund wie frische Pfirsiche oder Säuglinge. Hinschens haben rote riesige Hände. Hinschens haben die roten Hände nicht, weil sie Wasser mit der Milch verkuppeln. Die roten Hände kommen vom Kannenwaschen und Flaschenspülen. Die Kannen sind schwer und die Flaschen sind glatt – deswegen oder davon sind Hinschens Hände riesig.

Herr Hinsch ist groß, langsam und gut. Frau Hinsch ist klein und schnell und sie ist auch gut. Elsie, die Tochter, ist mittelgroß, müde im Tempo und mucksch. Alle drei Hinschens leiden im Winter an kalten Füßen, denn der Fußboden ist aus Steinfliesen, weil man die besser sauber halten kann. Im Winter tragen Hinschens schwarze Wollstrümpfe in ihren Holzpantoffeln – und dicke graue Schals um die Hälse. Im Winter haben alle drei Hinschens rote Nasen, Frost in den Fingern und chronischen Schnupfen. Manchmal werden sie von ihren Kunden bedauert.

Im Sommer sind Hinschens die einzigen Menschen in unserer Gegend, die nicht übermäßig zu schwitzen brauchen, denn der Fußboden ist aus Steinfliesen, weil die leichter sauber zu halten sind. Im Sommer finden Hinschens – mit erstaunten Mündern – die Hitze doch ganz erträglich und sie behalten ihren pfirsichfrischen Geruch. Dann werden sie von allen Kunden beneidet. Auch weil sie dann mehr Buttermilch haben und ihr Geschäft um halb fünf zuschließen können, weil die Milch dann alle oder sauer ist. Von allen Kunden werden sie beneidet. Aber wenn sie morgens um fünf die Ladentür aufmachen müssen, hat noch keiner der Neider ausgeschlafen, um sie zu bedauern.

Herr Hinsch ist groß, gut und gemäßigt grämlich. Frau Hinsch ist klein, flink und freundlich. Aber Elsie Hinsch ist mucksch. Schon immer. Oder nicht! Seit sie fünfzehn Jahre alt war, ist sie so. Vorher war sie wie alle sind.

Nachts rumpumpeln die gewaltigen Überlandwagen wie überschwere Artillerie durch die verstummten Straßen und bleiben tief innerlich schnaufend und mit allerlei Eingeweiden rasselnd – als hätten sie verrostete Bronchien – vor den Milchläden stehen. Sie kommen nachts, damit die Menschen morgens Milch zum Kaffee nehmen können. Die Fahrer, die Bändiger dieser glutäugigen Untiere, sind Idealisten und Helden. Sie nehmen den mürbemachenden Minnedienst in den ungeahnten Gefahren der Nacht auf sich, damit man morgens Milch zum Kaffee trinken kann.

Damals war Elsie fünfzehn verspielte normale Jahre alt, blond und beinahe zu gut genährt. Damals kamen auch die Milchwagen – nachts – und dann verließen die drei Hinschens das ereignislose Paradies ihrer Betten so selbstverständlich (auch ohne schwertbehangenen Engel!), so selbstverständlich gaben sie die weiche Wärme ihrer Betten auf, als ob es nichts Selbstverständlicheres auf der Welt gäbe, als nachts neunzehn volle Milchkannen abzuladen und neunzehn leere Kannen aufzuladen.

Elsie war sehr blond und sehr gut genährt und sie war fünfzehn Jahre alt, und es war eine geheime Lust für sie, das von allerhand seltsamen Träumen überhitzte Bett zu verlassen und unter den geheimnisvollen Sternen eisige und windkühle Eisenkannen gegen die dünnen Kleider zu drängen. Das war wie Eisessen, wie Baden oder Limonadetrinken im Sommer – nur merkwürdiger, besonderer und viel heimlicher.

Die heldischen Reiter der mehrachsigen spritsaufenden Milchkühe, diese Cowboys der Großstadt, hatten das sehr bald spitzgekriegt, das Blonde, Breithüftige, das nachts so nach Abkühlung verlangte. Mein Gott, im Mondlicht sind alle Mädchen Madonnen, auch die breithüftigen.

Helden, selbst wenn sie Idealisten sind, Helden, die sich nachts schnell neben den Wagen stellen, um das Dünnbier der letzten Stadt loszuwerden – gleich, ob die Frauen und Töchter der Hinschens (denn alle Milchleute heißen Hinsch) ihnen zusehen oder nicht – diese Helden sind niemals zimperlich. Helden können nicht die Behutsamkeit von Feiglingen haben – sie müssen gewalttätig und brutal sein. Breitbusige Milchmädchen träumen sich jedenfalls ihre Helden so.

Trotzdem ließ sich das Kind mit den breiten Hüften vor Schreck und Angst die schwere Kanne auf den Kopf fallen, als sie [sie] mit beiden Armen zum Wagen hochstemmen wollte und plötzlich einen Mann durch ihre dünnen Röcke an sich fühlte.

Der Held hatte diesen Augenblick, in dem sie die Brust so aufdringlich vorreckte, aber mit beiden Händen die Kanne umklammern mußte, für den günstigsten gehalten und seine Arme, die gewohnt waren, mit mehreren hundert Pferdekräften umzuspringen, griffen nicht sonderlich zartfühlend zu. (Das können Helden sich nie erlauben!)

Blonde Mädchen, denen im Sommer das Bett und das Blut zu heiß wird, brauchen nicht immer eine breithüftige Seele zu haben. Ihre Seele kann einfältig und zerbrechlich wie Kinderspielzeug sein – und Erwachsene zerdrücken es in einer Sekunde. Mädchen, die Milchkannen anpacken wie Artilleristen ihre Granaten und die den Druck des harten Metalls wohlig auf der Haut empfinden, brauchen nicht unbedingt eine breitbusige Seele zu haben. Es kommt vor, daß sie die süßeste, sauberste und silbrigste Seele von der Welt haben – süß wie Blumenduft, sauber wie frische Milch und silbrig wie die durchsichtigen Feenflügel nächtlicher Insekten.

Der Held, der Herr über ein Heer von Pferdekräften war, verlor die Herrschaft über sein Herz. Über sein Herz? Doch, vielleicht auch über sein Herz. Er wollte Elsie nehmen wie eine Kurve, in die man – ohne Gas wegzunehmen – hineingeht, er wollte sie herumwerfen, wie er sein Lenkrad herumkriegte und von ihr wie von einer Milchkanne mit seinen behaarten Tatzen Besitz ergreifen.

Aber da war die silberige Seele, die hauchempfindlich und verletzlich war wie der Glanz auf Mottenflügeln, zu Tode erschrocken unter den öligen Pranken der Wirklichkeit – blitzschnell stahl sich die volle Kanne aus den entseelten Händen und schlug eine unheimliche Glut aus dem Mädchenkopf: auf dem blonden Scheitel blühte dickes dunkles Blut.

So war das damals, als Elsie nach langem Krankenlager nicht mehr war wie sonst, nicht mehr war wie alle. Sie verkümmerte wie eine Primel, der die Leute kein Wasser bewilligten und der das Fenster, hinter dem sie nun stehen muß, keine Sonne gönnte.

Die Leute sagten: Sie ist schräge. Hinschens sagten: Sie ist muksch. Sie selbst sagte nichts. Sie gab überhaupt nur noch Stichworte zu ihrem Leben, denn ihre silbrige Seele, die zerdrückt war wie ein Mottenflügelchen, umschwärmte immer noch ihren Helden, der sein Gehirn vielleicht längst an einem Chausseebaum oder an einem Brückenpfeiler dem Gott der Technik geopfert hatte. Vielleicht hatte er sich auch sein unbeherrschtes liebestolles, übervolles Herz von den nilpferdhäutigen grauen Gummirädern eines fremden feindlichen Überlandwagens breitwalzen und ausquetschen lassen, daß ihm Sehen, Hören und Vergewaltigen für dieses Dasein vergangen war. Oder – aber das dachte man eigentlich nicht – er hatte eine mürrische magere rotnasige Frau und fünf blökende Kinder.

Wenn nächtens die massigen Milchautos vor Hinschens Schlafzimmerfenster zitternd, ächzend und polterig bremsen, dann erhebt sich mit den drei Hinschens – Vater Hinsch, Mutter Hinsch und Tochter Hinsch – auch Elsies unruhige Seele und fängt an, von dem Glockengedröhn der aufs Pflaster wuchtenden und aneinanderschlagenden, klagenden Milchkannen aufgeregt und aus ihrem Primelstumpfsinn aufgescheucht, mit zerdrücktem Mottenflügel scheue versteckte, aber doch berauschende Flugversuche zu machen.

Vielleicht sucht sie ihren Helden mit dem Vorsatz, nun nicht mehr so ängstlich zu sein wie damals – aber sie wird ihn nicht finden. Und sie liegt noch lange, nachdem das Milchauto verschwunden und sein Glockenläuten verstummt ist, wach. Ihre Augen, die wie Motten um die Lampe irren, fallen erst zu, wenn Frau Hinsch das Licht ausgemacht hat.

Lesebuchgeschichten

Alle Leute haben eine Nähmaschine, ein Radio, einen Eisschrank und ein Telefon. Was machen wir nun? fragte der Fabrikbesitzer.

Bomben, sagte der Erfinder.

Krieg, sagte der General.

Wenn es denn gar nicht anders geht, sagte der Fabrikbesitzer.

Der Mann mit dem weißen Kittel schrieb Zahlen auf das Papier. Er machte ganz kleine zarte Buchstaben dazu.

Dann zog er den weißen Kittel aus und pflegte eine Stunde lang die Blumen auf der Fensterbank. Als er sah, daß eine Blume eingegangen war, wurde er sehr traurig und weinte.

Und auf dem Papier standen die Zahlen. Danach konnte man mit einem halben Gramm in zwei Stunden tausend Menschen totmachen.

Die Sonne schien auf die Blumen.

Und auf das Papier.

Zwei Männer sprachen miteinander.

Kostenanschlag?

Mit Kacheln?

Mit grünen Kacheln natürlich.

Vierzigtausend.

Vierzigtausend? Gut. Ja, mein Lieber, hätte ich mich nicht rechtzeitig von Schokolade auf Schießpulver umgestellt, dann könnte ich Ihnen diese vierzigtausend nicht geben.

Und ich Ihnen keinen Duschraum.
Mit grünen Kacheln.
Mit grünen Kacheln.
Die beiden Männer gingen auseinander.
Es waren ein Fabrikbesitzer und ein Bauunternehmer.
Es war Krieg.

Kegelbahn. Zwei Männer sprachen miteinander.

Nanu, Studienrat, dunklen Anzug an. Trauerfall?

Keineswegs, keineswegs. Feier gehabt. Jungens gehn an die Front. Kleine Rede gehalten. Sparta erinnert. Clausewitz zitiert. Paar Begriffe mitgegeben: Ehre, Vaterland. Hölderlin lesen lassen. Langemarck gedacht. Ergreifende Feier. Ganz ergreifend. Jungens haben gesungen: Gott, der Eisen wachsen ließ. Augen leuchteten. Ergreifend. Ganz ergreifend.

Mein Gott, Studienrat, hören Sie auf. Das ist ja gräßlich.

Der Studienrat starrte die anderen entsetzt an. Er hatte beim Erzählen lauter kleine Kreuze auf das Papier gemacht. Lauter kleine Kreuze. Er stand auf und lachte. Nahm eine neue Kugel und ließ sie über die Bahn rollen. Es donnerte leise. Dann stürzten hinten die Kegel. Sie sahen aus wie kleine Männer.

Zwei Männer sprachen miteinander.
Na, wie ist es?
Ziemlich schief.
Wieviel haben Sie noch?
Wenn es gut geht: viertausend.
Wieviel können Sie mir geben?
Höchstens achthundert.

Die gehen drauf.

Also tausend.

Danke.

Die beiden Männer gingen auseinander.

Sie sprachen von Menschen.

Es waren Generale.

Es war Krieg.

Zwei Männer sprachen miteinander.

Freiwilliger?

’türlich.

Wie alt?

Achtzehn. Und du?

Ich auch.

Die beiden Männer gingen auseinander.

Es waren zwei Soldaten.

Da fiel der eine um. Er war tot.

Es war Krieg.

Als der Krieg aus war, kam der Soldat nach Haus. Aber er hatte kein Brot. Da sah er einen, der hatte Brot. Den schlug er tot.

Du darfst doch keinen totschlagen, sagte der Richter.

Warum nicht, fragte der Soldat.

Als die Friedenskonferenz zuende war, gingen die Minister durch die Stadt. Da kamen sie an einer Schießbude vorbei. Mal schießen, der Herr? riefen die Mädchen mit den roten Lippen. Da nahmen die Minister alle ein Gewehr und schossen auf kleine Männer aus Pappe.

Mitten im Schießen kam eine alte Frau und nahm ihnen

die Gewehre weg. Als einer der Minister es wiederhaben wollte, gab sie ihm eine Ohrfeige.

Es war eine Mutter.

Es waren mal zwei Menschen. Als sie zwei Jahre alt waren, da schlugen sie sich mit den Händen.

Als sie zwölf waren, schlugen sie sich mit Stöcken und warfen mit Steinen.

Als sie zweiundzwanzig waren, schossen sie mit Gewehren nach einander.

Als sie zweiundvierzig waren, warfen sie mit Bomben.

Als sie zweiundsechzig waren, nahmen sie Bakterien.

Als sie zweiundachtzig waren, da starben sie. Sie wurden nebeneinander begraben.

Als sich nach hundert Jahren ein Regenwurm durch ihre beiden Gräber fraß, merkte er gar nicht, daß hier zwei verschiedene Menschen begraben waren. Es war dieselbe Erde. Alles dieselbe Erde.

Als im Jahre 5000 ein Maulwurf aus der Erde rauskuckte, da stellte er beruhigt fest:

Die Bäume sind immer noch Bäume.
Die Krähen krächzen noch.
Und die Hunde heben immer noch ihr Bein.
Die Stinte und die Sterne,
das Moos und das Meer
und die Mücken:
Sie sind alle dieselben geblieben.
Und manchmal –
manchmal trifft man einen Menschen.

Das ist unser Manifest

Helm ab Helm ab: Wir haben verloren!

Die Kompanien sind auseinandergelaufen. Die Kompanien, Bataillone, Armeen. Die großen Armeen. Nur die Heere der Toten, die stehn noch. Stehn wie unübersehbare Wälder: dunkel, lila, voll Stimmen. Die Kanonen aber liegen wie erfrorene Urtiere mit steifem Gebein. Lila vor Stahl und überrumpelter Wut. Und die Helme, die rosten. Nehmt die verrosteten Helme ab: Wir haben verloren.

In unsern Kochgeschirren holen magere Kinder jetzt Milch. Magere Milch. Die Kinder sind lila vor Frost. Und die Milch ist lila vor Armut.

Wir werden nie mehr antreten auf einen Pfiff hin und Jawohl sagen auf ein Gebrüll. Die Kanonen und die Feldwebel brüllen nicht mehr. Wir werden weinen, scheißen und singen, wann wir wollen. Aber das Lied von den brausenden Panzern und das Lied von dem Edelweiß werden wir niemals mehr singen. Denn die Panzer und die Feldwebel brausen nicht mehr und das Edelweiß, das ist verrottet unter dem blutigen Singsang. Und kein General sagt mehr Du zu uns vor der Schlacht. Vor der furchtbaren Schlacht.

Wir werden nie mehr Sand in den Zähnen haben vor Angst. (Keinen Steppensand, keinen ukrainischen und keinen aus der Cyrenaika oder den der Normandie – und nicht den bitteren bösen Sand unserer Heimat!) Und nie mehr das heiße tolle Gefühl in Gehirn und Gedärm vor der Schlacht.

Nie werden wir wieder so glücklich sein, daß ein anderer neben uns ist. Warm ist und da ist und atmet und rülpst und summt – nachts auf dem Vormarsch. Nie werden wir wieder so zigeunerig glücklich sein über ein Brot und fünf Gramm Tabak und über zwei Arme voll Heu. Denn wir werden nie wieder zusammen marschieren, denn jeder marschiert von nun an allein. Das ist schön. Das ist schwer. Nicht mehr den sturen knurrenden Andern bei sich zu haben – nachts, nachts beim Vormarsch. Der alles mit anhört. Der niemals was sagt. Der alles verdaut.

Und wenn nachts einer weinen muß, kann er es wieder. Dann braucht er nicht mehr zu singen – vor Angst.

Jetzt ist unser Gesang der Jazz. Der erregte hektische Jazz ist unsere Musik. Und das heiße verrücktolle Lied, durch das das Schlagzeug hinhetzt, katzig, kratzend. Und manchmal nochmal das alte sentimentale Soldatengegröhl, mit dem man die Not überschrie und den Müttern absagte. Furchtbarer Männerchor aus bärtigen Lippen, in die einsamen Dämmerungen der Bunker und der Güterzüge gesungen, mundharmonikablechüberzittert:

Männlicher Männergesang – hat keiner die Kinder gehört, die sich die Angst vor den lilanen Löchern der Kanonen weggröhlten?

Heldischer Männergesang – hat keiner das Schluchzen der Herzen gehört, wenn sie Juppheidi sangen, die Verdreckten, Krustigen, Bärtigen, Überlausten?

Männergesang, Soldatengegröhl, sentimental und übermütig, männlich und baßkehlig, auch von den Jünglingen männlich gegröhlt: Hört keiner den Schrei nach der Mutter? Den letzten Schrei des Abenteurers Mann? Den furchtbaren Schrei: Juppheidi? Unser Juppheidi und unsere Musik sind ein Tanz über den Schlund, der uns angähnt. Und diese Musik ist der Jazz. Denn unser Herz und unser

Hirn haben denselben heißkalten Rhythmus: den erregten, verrückten und hektischen, den hemmungslosen.

Und unsere Mädchen, die haben denselben hitzigen Puls in den Händen und Hüften. Und ihr Lachen ist heiser und brüchig und klarinettenhart. Und ihr Haar, das knistert wie Phosphor. Das brennt. Und ihr Herz, das geht in Synkopen, wehmütig wild. Sentimental. So sind unsere Mädchen: wie Jazz. Und so sind die Nächte, die mädchenklirrenden Nächte: wie Jazz: heiß und hektisch. Erregt.

Wer schreibt für uns eine neue Harmonielehre? Wir brauchen keine wohltemperierten Klaviere mehr. Wir selbst sind zuviel Dissonanz.

Wer macht für uns ein lilanes Geschrei? Eine lilane Erlösung? Wir brauchen keine Stilleben mehr. Unser Leben ist laut.

Wir brauchen keine Dichter mit guter Grammatik. Zu guter Grammatik fehlt uns Geduld. Wir brauchen die mit dem heißen heiser geschluchzten Gefühl. Die zu Baum Baum und zu Weib Weib sagen und ja sagen und nein sagen: laut und deutlich und dreifach und ohne Konjunktiv.

Für Semikolons haben wir keine Zeit und Harmonien machen uns weich und die Stilleben überwältigen uns: Denn lila sind nachts unsere Himmel. Und das Lila gibt keine Zeit für Grammatik, das Lila ist schrill und ununterbrochen und toll. Über den Schornsteinen, über den Dächern: die Welt: lila. Über unseren hingeworfenen Leibern die schattigen Mulden: die blaubeschneiten Augenhöhlen der Toten im Eissturm, die violettwütigen Schlünde der kalten Kanonen – und die lilane Haut unserer Mädchen am Hals und etwas unter der Brust. Lila ist nachts das Gestöhn der Verhungernden und das Gestammel der

Küssenden. Und die Stadt steht so lila am nächtlich lilanen Strom.

Und die Nacht ist voll Tod: Unsere Nacht. Denn unser Schlaf ist voll Schlacht. Unsere Nacht ist im Traumtod voller Gefechtslärm. Und die nachts bei uns bleiben, die lilanen Mädchen, die wissen das und morgens sind sie noch blaß von der Not unserer Nacht. Und unser Morgen ist voller Alleinsein. Und unser Alleinsein ist dann morgens wie Glas. Zerbrechlich und kühl. Und ganz klar. Es ist das Alleinsein des Mannes. Denn wir haben unsere Mütter bei den wütenden Kanonen verloren. Nur unsere Katzen und Kühe und die Läuse und die Regenwürmer, die ertragen das große eisige Alleinsein. Vielleicht sind sie nicht so nebeneinander wie wir. Vielleicht sind sie mehr mit der Welt. Mit dieser maßlosen Welt. In der unser Herz fast erfriert.

Wovon unser Herz rast? Von der Flucht. Denn wir sind der Schlacht und den Schlünden erst gestern entkommen in heilloser Flucht. Von der furchtbaren Flucht von einem Granatloch zum andern – die mütterlichen Mulden – davon rast unser Herz noch – und noch von der Angst.

Horch hinein in den Tumult deiner Abgründe. Erschrickst du? Hörst du den Chaoschoral aus Mozartmelodien und Herms Niel-Kantaten? Hörst du Hölderlin noch? Kennst du ihn wieder, blutberauscht, kostümiert und Arm in Arm mit Baldur von Schirach? Hörst du das Landserlied? Hörst du den Jazz und den Luthergesang?

Dann versuche zu sein über deinen lilanen Abgründen. Denn der Morgen, der hinter den Grasdeichen und Teerdächern aufsteht, kommt nur aus dir selbst. Und hinter allem? Hinter allem, was du Gott, Strom und Stern, Nacht, Spiegel oder Kosmos und Hilde oder Evelyn nennst – hinter allem stehst immer du selbst. Eisig einsam. Erbärmlich. Groß. Dein Gelächter. Deine Not. Deine Frage. Deine Antwort. Hinter allem, uniformiert, nackt oder sonstwie kostümiert, schattenhaft verschwankt, in fremder fast scheuer ungeahnt grandioser Dimension: Du selbst. Deine Liebe. Deine Angst. Deine Hoffnung.

Und wenn unser Herz, dieser erbärmliche herrliche Muskel, sich selbst nicht mehr erträgt – und wenn unser Herz uns zu weich werden will in den Sentimentalitäten, denen wir ausgeliefert sind, dann werden wir laut ordinär. Alte Sau, sagen wir dann zu der, die wir am meisten lieben. Und wenn Jesus oder der Sanftmütige, der einem immer nachläuft im Traum, nachts sagt: Du, sei gut! – dann machen wir eine freche Respektlosigkeit zu unserer Konfession und fragen: Gut, Herr Jesus, warum? Wir haben mit den toten Iwans vorm Erdloch genau so gut in Gott gepennt. Und im Traum durchlöchern wir alles mit unsern M. Gs.: Die Iwans. Die Erde. Den Jesus.

Nein, unser Wörterbuch, das ist nicht schön. Aber dick. Und es stinkt. Bitter wie Pulver. Sauer wie Steppensand. Scharf wie Scheiße. Und laut wie Gefechtslärm.

Und wir prahlen uns schnodderig über unser empfindliches deutsches Rilke-Herz rüber. Über Rilke, den fremden verlorenen Bruder, der unser Herz ausspricht und der uns unerwartet zu Tränen verführt: Aber wir wollen keine Tränenozeane beschwören – wir müssen denn alle ersaufen. Wir wollen grob und proletarisch sein, Tabak und Tomaten bauen und lärmende Angst haben bis ins lilane Bett – bis in die lilanen Mädchen hinein. Denn wir lieben die lärmend laute Angabe, die unrilkesche, die uns über die Schlachtträume hinüberrettet und über die lilanen Schlünde der

Nächte, der blutübergossenen Äcker, der sehnsüchtigen blutigen Mädchen. Denn der Krieg hat uns nicht hart gemacht, glaubt doch das nicht, und nicht roh und nicht leicht. Denn wir tragen viele weltschwere wächserne Tote auf unseren mageren Schultern. Und unsere Tränen, die saßen noch niemals so lose wie nach diesen Schlachten. Und darum lieben wir das lärmende laute lila Karussell, das jazzmusikene, das über unsere Schlünde rüberorgelt, dröhnend, clownig, lila, bunt und blöde – vielleicht. Und unser Rilke-Herz – ehe der Clown kräht – haben wir es dreimal verleugnet. Und unsere Mütter weinen bitterlich. Aber sie, sie wenden sich nicht ab. Die Mütter nicht!

Und wir wollen den Müttern versprechen:

Mütter, dafür sind die Toten nicht tot: Für das marmorne Kriegerdenkmal, das der beste ortsansässige Steinmetz auf dem Marktplatz baut – von lebendigem Gras umgrünt, mit Bänken drin für Witwen und Prothesenträger. Nein, dafür nicht. Nein, dafür sind die Toten nicht tot: Daß die Überlebenden weiter in ihren guten Stuben leben und immer wieder neue und dieselben guten Stuben mit Rekrutenfotos und Hindenburgportraits. Nein, dafür nicht.

Und dafür, nein, dafür haben die Toten ihr Blut nicht in den Schnee laufen lassen, in den naßkalten Schnee ihr lebendiges mütterliches Blut: Daß dieselben Studienräte ihre Kinder nun benäseln, die schon die Väter so brav für den Krieg präparierten. (Zwischen Langemarck und Stalingrad lag nur eine Mathematikstunde.) Nein, Mütter, dafür starbt ihr nicht in jedem Krieg zehntausendmal!

Das geben wir zu: Unsere Moral hat nichts mehr mit Betten, Brüsten, Pastoren oder Unterröcken zu tun – wir können nicht mehr tun als gut sein. Aber wer will das messen, das »Gut«? Unsere Moral ist die Wahrheit. Und die Wahrheit ist neu und hart wie der Tod. Doch auch so milde, so überraschend und so gerecht. Beide sind nackt.

Sag deinem Kumpel die Wahrheit, beklau ihn im Hunger, aber sag es ihm dann. Und erzähl deinen Kindern nie von dem heiligen Krieg: Sag die Wahrheit, sag sie so rot wie sie ist: voll Blut und Mündungsfeuer und Geschrei. Beschwindel das Mädchen noch nachts, aber morgens, morgens sag dann die Wahrheit: Sag, daß du gehst und für immer. Sei gut wie der Tod. Nitschewo. Kaputt. For ever. Parti, perdu und never more.

Denn wir sind Neinsager. Aber wir sagen nicht nein aus Verzweiflung. Unser Nein ist Protest. Und wir haben keine Ruhe beim Küssen, wir Nihilisten. Denn wir müssen in das Nichts hinein wieder ein Ja bauen. Häuser müssen wir bauen in die freie Luft unseres Neins, über den Schlünden, den Trichtern und Erdlöchern und den offenen Mündern der Toten: Häuser bauen in die reingefegte Luft der Nihilisten, Häuser aus Holz und Gehirn und aus Stein und Gedanken.

Denn wir lieben diese gigantische Wüste, die Deutschland heißt. Dies Deutschland lieben wir nun. Und jetzt am meisten. Und um Deutschland wollen wir nicht sterben. Um Deutschland wollen wir leben. Über den lilanen Abgründen. Dieses bissige, bittere, brutale Leben. Wir nehmen es auf uns für diese Wüste. Für Deutschland. Wir wollen dieses Deutschland lieben wie die Christen ihren Christus: Um sein Leid.

Wir wollen diese Mütter lieben, die Bomben füllen mußten – für ihre Söhne. Wir müssen sie lieben um dieses Leid.

Und die Bräute, die nun ihren Helden im Rollstuhl spazieren fahren, ohne blinkernde Uniform – um ihr Leid.

Und die Helden, die Hölderlinhelden, für die kein Tag zu hell und keine Schlacht schlimm genug war – wir wollen sie lieben um ihren gebrochenen Stolz, um ihr umgefärbtes heimliches Nachtwächterdasein.

Und das Mädchen, das eine Kompanie im nächtlichen Park verbrauchte und die nun immer noch Scheiße sagt und von Krankenhaus zu Krankenhaus wallfahrten muß – um ihr Leid. Und den Landser, der nun nie mehr lachen lernt –

und den, der seinen Enkeln noch erzählt von einunddreißig Toten nachts vor seinem, vor Opas M. G. –

sie alle, die Angst haben und Not und Demut: Die wollen wir lieben in all ihrer Erbärmlichkeit. Die wollen wir lieben wie die Christen ihren Christus: Um ihr Leid. Denn sie sind Deutschland. Und dieses Deutschland sind wir doch selbst. Und dieses Deutschland müssen wir doch wieder bauen im Nichts, über Abgründen: Aus unserer Not, mit unserer Liebe. Denn wir lieben dieses Deutschland doch. Wie wir die Städte lieben um ihren Schutt – so wollen wir die Herzen um die Asche ihres Leides lieben. Um ihren verbrannten Stolz, um ihr verkohltes Heldenkostüm, um ihren versengten Glauben, um ihr zertrümmertes Vertrauen, um ihre ruinierte Liebe. Vor allem müssen wir die Mütter lieben, ob sie nun achtzehn oder achtundsechzig sind – denn die Mütter sollen uns die Kraft geben für dies Deutschland im Schutt.

Unser Manifest ist die Liebe. Wir wollen die Steine in den Städten lieben, unsere Steine, die die Sonne noch wärmt, wieder wärmt nach der Schlacht –

Und wir wollen den großen Uuh-Wind wieder lieben, unseren Wind, der immer noch singt in den Wäldern. Und der auch die gestürzten Balken besingt –

Und die gelbwarmen Fenster mit den Rilkegedichten dahinter – Und die rattigen Keller mit den lilagehungerten Kindern darin – Und die Hütten aus Pappe und Holz, in denen die Menschen noch essen, unsere Menschen, und noch schlafen. Und manchmal noch singen. Und manchmal und manchmal noch lachen –

Denn das ist Deutschland. Und das wollen wir lieben, wir, mit verrostetem Helm und verlorenem Herzen hier auf der Welt. Doch, doch: Wir wollen in dieser wahnwitzigen Welt noch wieder, immer wieder lieben!

Dann gibt es nur eins!

Du. Mann an der Maschine und Mann in der Werkstatt. Wenn sie dir morgen befehlen, du sollst keine Wasserrohre und keine Kochtöpfe mehr machen – sondern Stahlhelme und Maschinengewehre, dann gibt es nur eins:

Sag NEIN!

Du. Mädchen hinterm Ladentisch und Mädchen im Büro. Wenn sie dir morgen befehlen, du sollst Granaten füllen und Zielfernrohre für Scharfschützengewehre montieren, dann gibt es nur eins:

Sag NEIN!

Du. Besitzer der Fabrik. Wenn sie dir morgen befehlen, du sollst statt Puder und Kakao Schießpulver verkaufen, dann gibt es nur eins:

Sag NEIN!

Du. Forscher im Laboratorium. Wenn sie dir morgen befehlen, du sollst einen neuen Tod erfinden gegen das alte Leben, dann gibt es nur eins:

Sag NEIN!

Du. Dichter in deiner Stube. Wenn sie dir morgen befehlen, du sollst keine Liebeslieder, du sollst Haßlieder singen, dann gibt es nur eins:

Sag NEIN!

Du. Arzt am Krankenbett. Wenn sie dir morgen befehlen, du sollst die Männer kriegstauglich schreiben, dann gibt es nur eins:

Sag NEIN!

Du. Pfarrer auf der Kanzel. Wenn sie dir morgen befehlen, du sollst den Mord segnen und den Krieg heilig sprechen, dann gibt es nur eins:

Sag NEIN!

Du. Kapitän auf dem Dampfer. Wenn sie dir morgen befehlen, du sollst keinen Weizen mehr fahren – sondern Kanonen und Panzer, dann gibt es nur eins:

Sag NEIN!

Du. Pilot auf dem Flugfeld. Wenn sie dir morgen befehlen, du sollst Bomben und Phosphor über die Städte tragen, dann gibt es nur eins:

Sag NEIN!

Du. Schneider auf deinem Brett. Wenn sie dir morgen befehlen, du sollst Uniformen zuschneiden, dann gibt es nur eins:

Sag NEIN!

Du. Richter im Talar. Wenn sie dir morgen befehlen, du sollst zum Kriegsgericht gehen, dann gibt es nur eins:

Sag NEIN!

Du. Mann auf dem Bahnhof. Wenn sie dir morgen befehlen, du sollst das Signal zur Abfahrt geben für den Munitionszug und für den Truppentransport, dann gibt es nur eins:

Sag NEIN!

Du. Mann auf dem Dorf und Mann in der Stadt. Wenn sie morgen kommen und dir den Gestellungsbefehl bringen, dann gibt es nur eins:

Sag NEIN!

Du. Mutter in der Normandie und Mutter in der Ukraine, du, Mutter in Frisko und London, du, am Hoangho und am Mississippi, du, Mutter in Neapel und Hamburg und Kairo und Oslo – Mütter in allen Erdteilen, Mütter in der Welt, wenn sie morgen befehlen, ihr sollt Kinder gebären, Krankenschwestern für Kriegslazarette und neue Soldaten für neue Schlachten, Mütter in der Welt, dann gibt es nur eins:

Sagt NEIN! Mütter, sagt NEIN!

Denn, wenn ihr nicht NEIN sagt, wenn IHR nicht nein sagt, Mütter, dann:

dann:

In den lärmenden dampfdunstigen Hafenstädten werden die großen Schiffe stöhnend verstummen und wie titanische Mammutkadaver wasserleichig träge gegen die toten vereinsamten Kaimauern schwanken, algen-, tang- und muschelüberwest den früher so schimmernden dröhnenden Leib, friedhöflich fischfaulig duftend, mürbe, siech, gestorben –

die Straßenbahnen werden wie sinnlose glanzlose glasäugige Käfige blöde verbeult und abgeblättert neben den verwirrten Stahlskeletten der Drähte und Gleise liegen, hinter morschen dachdurchlöcherten Schuppen, in verlorenen kraterzerrissenen Straßen –

eine schlammgraue dickbreiige bleierne Stille wird sich heranwälzen, gefräßig, wachsend, wird anwachsen in den Schulen und Universitäten und Schauspielhäusern, auf Sport- und Kinderspielplätzen, grausig und gierig, unaufhaltsam –

der sonnige saftige Wein wird an den verfallenen Hängen verfaulen, der Reis wird in der verdorrten Erde vertrocknen, die Kartoffel wird auf den brachliegenden Äckern erfrieren und die Kühe werden ihre totsteifen Beine wie umgekippte Melkschemel in den Himmel strecken –

in den Instituten werden die genialen Erfindungen der großen Ärzte sauer werden, verrotten, pilzig verschimmeln –

in den Küchen, Kammern und Kellern, in den Kühlhäusern und Speichern werden die letzten Säcke Mehl, die letzten Gläser Erdbeeren, Kürbis und Kirschsaft verkommen – das Brot unter den umgestürzten Tischen und auf zersplitterten Tellern wird grün werden und die ausgelaufene Butter wird stinken wie Schmierseife, das Korn auf den Feldern wird neben verrosteten Pflügen hingesunken sein wie ein erschlagenes Heer, und die qualmenden Ziegelschornsteine, die Essen und die Schlote der stampfenden Fabriken werden, vom ewigen Gras zugedeckt, zerbröckeln – zerbröckeln – zerbröckeln –

dann wird der letzte Mensch, mit zerfetzten Gedärmen und verpesteter Lunge, antwortlos und einsam unter der giftig glühenden Sonne und unter wankenden Gestirnen umherirren, einsam zwischen den unübersehbaren Massengräbern und den kalten Götzen der gigantischen betonklotzigen verödeten Städte, der letzte Mensch, dürr, wahnsinnig, lästernd, klagend – und seine furchtbare Klage: WARUM? wird ungehört in der Steppe verrinnen, durch die geborstenen Ruinen wehen, versickern im Schutt der Kirchen, gegen Hochbunker klatschen, in Blutlachen fallen, ungehört, antwortlos, letzter Tierschrei des letzten Tieres Mensch –

all dieses wird eintreffen, morgen, morgen vielleicht, vielleicht heute nacht schon, vielleicht heute nacht, wenn – – wenn – –

wenn ihr nicht NEIN sagt.

Zu dieser Ausgabe

Draußen vor der Tür

Als Druckvorlage dient ein hektographiertes Typoskript aus dem Wolfgang-Borchert-Archiv an der Staats- und Universitätsbibliothek Hamburg (Signatur BOR: Ab 03: 1–77).

Der Abdruck folgt in Rechtschreibung und Zeichensetzung dem Typoskript. Lediglich die nicht ganz konsequent durchgehaltene Schreibweise von »draussen«, »dass«, »Strassenbahn«, »Strassenfeger«, »gross« usw. wurde in »draußen«, »daß«, »Straßenbahn«, »Straßenfeger«, »groß« usw. normalisiert und vereinheitlicht. Offenkundige Verschreibungen wurden korrigiert (siehe Verzeichnis der Emendationen, S. 185). Dagegen wurden Schreibeigenheiten Borcherts (Zusammenschreibung »garnicht«) und die von der Druckfassung (der gedruckten Bühnenfassung von 1947) z. T. stark abweichende Zeichensetzung beibehalten. Die Nebentexte wurden normalisiert.

Im Unterschied zur gedruckten Fassung enthält das Typoskript den weiteren Untertitel »(Ein Mann kommt nach Deutschland)«. Beide Untertitel stehen im Typoskript in Klammern. Die Widmung an Hans Quest in der späteren Druckfassung ist im Typoskript nicht enthalten und wurde hier in eckigen Klammern ergänzt. Ebenso wurde im Personenverzeichnis die fehlende Elbe in eckigen Klammern ergänzt.

Generation ohne Abschied

Druckvorlage: Die Hundeblume. Erzählungen aus unseren Tagen. Hamburg: Hamburgische Bücherei, 1947.

An diesem Dienstag – Die Küchenuhr – Nachts schlafen die Ratten doch – Im Mai, im Mai schrie der Kuckuck – Die lange lange Straße lang

Druckvorlage: An diesem Dienstag. Neunzehn Geschichten. Hamburg/Stuttgart: Rowohlt, 1947. [Erstausgabe.]

Die Erzählung *Die Küchenuhr* wurde mit dem Erstdruck (*Hamburger Allgemeine*, 27. Juni 47), der geringfügige Abweichungen aufweist, verglichen.

Eine Ausnahme bildet die Erzählung *Nachts schlafen die Ratten doch*, zu der die im Wolfgang-Borchert-Archiv an der Staats- und Universitätsbibliothek Hamburg aufbewahrte Handschrift, die 1986 im Rowohlt Verlag als Faksimile erschien, als Druckvorlage verwendet wurde. Auf der Titelseite der Handschrift ist vermerkt »Zum 11. I. 1947« (das Geburtsdatum von Borcherts Vater Fritz Borchert). Die Handschrift weist gegenüber der Erstausgabe in *An diesem Dienstag* einige Unterschiede auf (siehe Verzeichnis der Varianten, S. 187). Darüber hinaus weisen Zeichensetzung und Absatzstruktur leichte Unterschiede auf. Offensichtliche Fehler der Handschrift wurden nach der Erstausgabe (siehe Verzeichnis der Emendationen, S. 185) korrigiert. Schreibeigenheiten Borcherts (Zusammenschreibung »garnicht«) wurden beibehalten.

Das Brot

Druckvorlage: Das Gesamtwerk. Hamburg: Rowohlt, 1949.

Verglichen wurde mit dem Erstdruck in der *Hamburger Freien Presse* vom 13. November 1946, der geringfügige Abweichungen aufweist (siehe Verzeichnis der Varianten, S. 187).

Alle Milchgeschäfte heißen Hinsch

Im Borchert-Archiv befinden sich zwei Typoskripte, die leicht voneinander abweichen. Gedruckt wird die als 2. Fassung (Signatur Aa2) bezeichnete Version. Anhand der Typoskripte ist nicht zu entscheiden, bei welcher der beiden Fassungen es sich um die frühere handelt, so dass wohl besser von zwei alternativen Fassungen gesprochen werden sollte. Die hier wiedergegebene Fassung ist etwas umfangreicher als die in *Die traurigen Geranien und andere Geschichten aus dem Nachlaß* (Reinbek b. Hamburg: Rowohlt, 1962) gedruckte.

Im Typoskript wird durchgängig und in allen Fällen die Schreibweise »ss« verwendet. Entsprechend den Regeln der zur Entstehungszeit gültigen Rechtschreibung wurde dies gegebenenfalls zu »ß« korrigiert. In die Interpunktion wurde nicht eingegriffen.

Lesebuchgeschichten

Druckvorlage: Das Gesamtwerk. Hamburg: Rowohlt, 1949.

Der Erstdruck – unter dem Titel »Kleine Lesebuchgeschichten« in der *Neuen Zeitung* (München) vom 23. Juni 1947 – weicht von der Fassung der Druckvorlage ab: Die Reihenfolge der einzelnen Geschichten ist verändert; die mit »Zwei Männer sprachen miteinander. Kostenanschlag? Mit Kacheln?« beginnende Geschichte fehlt. Ein Erich Kästner gewidmetes Typoskript mit dem handschriftlichen Zusatz »Nun singen sie wieder«, das sich im Deutschen Literaturarchiv Marbach befindet, entspricht mit wenigen geringfügigen Abweichungen der Druckvorlage.

Das ist unser Manifest

Druckvorlage: Das Gesamtwerk. Hamburg: Rowohlt, 1949.

Dann gibt es nur eins!

Druckvorlage: Typoskript im Wolfgang-Borchert-Archiv an der Staats- und Universitätsbibliothek Hamburg. Die Schreibung von »ss« in »gross« wurde, wie ihn ähnlichen Fällen, in »groß« normalisiert. Das Typoskript enthält am Ende den handschriftlichen Zusatz: »Regieanweisung für Eggebrecht Trommelwirbel usw. Morgen beginnt in London die Außenministerkonferenz.«

Emendationen

7,21 Deutschland] Deutschlan
10,26 an den Wänden] anden Wänden
11,25 bist] bis
12,31 Das Bein] Das bein
13,26 eben] ben
13,30 mache] machen
15,9 die Stimme, die] die Stimme, der
15,23 Neinsager] neinsager
16,12 f. man den] manden
17,8 sie hätte mich] Sie hätte mich
17,13 sie gesagt] sie sie gesagt
17,15 hat sie gemeint, und ich liege] hat sie gemeint und ich liege
18,18 Und ich] Undich
24,30 ganz dicht hinter] ganz dich hinter
25,6 Dein Zeug] Dein zeug
25,26 leiert] leiret
28,2 f. schlägt zu. Der Oberst] schlägt zu.) Der
29,1 nicht gehässig, aber voll Grauen] nicht gehässig aber voll Grauen
29,17 Und geschnappt] Undgeschnappt
29,23 die andern] die anern
29,31 Na, wie findest du das?] Na, Wie findest du das?
30,11 f. einen Ofen, Herr Oberst, und setzen] einen Ofen, Herr Oberst und setzen
30,27 f. denen das bißchen Krieg die Begriffe und den Verstand verwirrt hat] denen das bißchen Krieg, die Begriffe und den Verstand verwirrt hat
31,9 Ein bißchen weich. Und müde] Ein bißchen weich, Und müde
33,18 Zähne, ja, als Letztes] Zähne, Ja, als letztes
35,10 f. hohlgrinsender] hohlgrinsneder
37,1 hatte die Verantwortung] tatte die Verantwortung
37,8 ohne Erregung, aber ungeheuer ernsthaft] ohne Erregung aber ungeheuer ernsthaft
37,12 Man kann doch] Mann kann doch
38,20 ein Schelm, was?] ein Schelm. was?

40,5 f. Sah mir gleich nicht ganz einwandfrei aus, der Bruder] Sah mir gleich nicht ganz einwandfrei aus der Bruder
47,1 Man erkennt] Mann erkennt
47,15 in der Gardine!] *danach Leerzeile eingefügt*
47,24 nach uns gefragt:] nach uns gefragt.:
49,23 ganz laut wird), die] ganz laut wird) die
50,23 ich bin bloß Beckmann] ich bin blos Beckmann
50,24 und 'ner ulkigen Frisur] und ner ulkigen Frisur
50,24 f. mit 'nem Humpelbein] mit nem Humpelbein
50,25 und 'nem Weihnachtsmannmantel] und nem Weihnachtsmannmantel
51,23 f. Da, wo man zuerst] Da wo man zuerst
55,2 In Fuhlsbüttel] in fuhlsbüttel
55,4 da sind sie geblieben] da sind sie gelieben
61,4 f. hunde-, hundemüde] hunde- hundemüde
62,5 Mississippi] Missisippi
65,6 einen neuen, weißt du] einen neuen, Weißt du
68,25 wird immer leiser] wird immer leise
69,20 kratzte wie meine Lunge] kratze wie meine Lunge
69,21 eine offene Tür] eine Offene Tür
69,28 und ich bin tot] undich bin tot
71,16 Und Sie haben] UndSie haben
71,21 f. für 'n Dienstgrad] für'n Dienstgrad
72,18 f. Und vielen Dank] Undvielen Dank
73,20 'ne Unterhose] ne Unterhose
74,11 Gut. Auch mit dem Direktor] Gut. auch mit dem Direktor
75,4 sentimental, aber doch sehr oberflächlich] sentimental aber doch sehr oberflächlich
75,8 kopfscheu gemacht mit Ihrem Gesang] Kopfscheu gemacht mit ihrem Gesang
78,6 robust, um nicht zu heulen] robust um nicht zu heulen
84,7 f. Er sucht Arbeit, aber ein Direktor ist feige] Er sucht Arbeit aber ein Direktor ist feige
84,13 f. Ein Mann kommt nach Deutschland! Und dann kommt der Einbeinige] Ein Mann kommt nach Deutschland! und dann kommt der einbeinige

84,19 teck – tock – teck – tock!] teck – tock – teck – rock!

84,27 f. der Mann, der nach Deutschland kam] Der Mann, dernach Deutschland kam

85,9 Und du – du sagst] Unddu – du sagst

90,15 undankbar dankbar, und nehmen] undankbar dankbar und nehmen

93,15 'türlich] Türlich

101,17 in die Sonne] in Sonne

142,18 f. das Suppe haben will, und Timm, der] das Suppe haben will und Timm, der

147,24 f. das kleine Mädchen, das keine Suppe hat, und ich kenne] das kleine Mädchen, das keine Suppe hat und ich kenne

147,31 f. weil er den alten Mann getreten hat, und ich kenne] weil er den alten Mann getreten hat und ich kenne

149,19 Freut euch, singt er, und die bunten Hampelmänner] Freut euch, singt er und die bunten Hampelmänner

150,3 f. Freut euch, singt der Leierkastenmann, und seine Hampelmänner schaukeln] Freut euch, singt der Leierkastenmann und seine Hampelmänner schaukeln

167,5 der Toten, die stehn noch] der Toten, die stehe noch

169,13 Eine lilane] Ein lilane

Verzeichnis der wichtigsten Varianten

Draußen vor der Tür

Auf das Lemmazeichen] folgt jeweils die Variante der gedruckten Bühnenfassung von 1947.

7,5 f. und manchmal abends auch die Menschen] und abends manchmal auch die Menschen
7,7 f. Und als Eintrittsgeld mußte er noch mit seiner Kniescheibe bezahlen.] noch *gestrichen*
8,14 f. oder Dichter. Oder das ist einer von denen aus der großen grauen Zahl] von denen *gestrichen*
10,23 Na ja, ich habe in diesem Jahrhundert] Naja, ich hab in diesem Jahrhundert
10,24 f. Ein Krieg gibt dem anderen die Hand] Ein Krieg gibt dem andern die Hand
16,14 Kinder, war das schön] Kinder, Kinder, war das schön
16,23 f. Sagt einfach nur Beckmann zu mir] nur *gestrichen*
17,10 f. ich sei zu grün] ich wäre zu grün
19,2 Sie stummer nasser Fisch, Sie?!] Sie stummer nasser Fisch, Sie!
20,4 f. wegen so ein Paar Augen] wegen so ein paar Augen
22,4 sehr herzlich und warm] herzlich, warm
22,12 und nun lassen Sie mich gleich wieder ersaufen] und dann lassen Sie mich gleich wieder ersaufen
23,6 Sei still, du Fisch] du *gestrichen*
24,11 f. Du graues repariertes Gespenst] Du graues repariertes nasses Gespenst
25,6 f. Dein Zeug. Dein Platz. Deine Frau.] Dein Zeug? Dein Platz? Deine Frau?
25,27 f. Das will ich nicht mehr sein. Ich will nicht mehr Beckmann sein.] Das will ich nicht mehr sein! Ich will nicht mehr Beckmann sein!
26,1 Halt, Beckmann!] Halt! Beckmann!

26,13 ff. Ich soll weitergehen? Ich soll weiterleben? Soll essen, schlafen, alles?] Ich soll weiterleben? *gestrichen*

28,7 Sie stören uns beim Abendessen!] uns *gestrichen*

28,26 Beckmann: Ihre Fenster sehen von draußen so warm aus.] Beckmann (freundlich): Ihre Fenster sehen von draußen so warm aus.

29,1 nicht gehässig aber voll Grauen] nicht gehässig, eher voll Grauen

30,6 Jawoll] Jawohl

30,15 Parfum] Parfüm

30,17 f. das saubere Bett, das haben wir ja, wir Beide] das saubere Bett, das wir ja haben, wir beide

31,8 So ist das.] So ist es.

32,4 f. Und dann wache ich auf] Dann wache ich auf

32,13 f. Und von Ihrem Traum wachen Sie auf] Aber von Ihrem Traum wachen Sie auf

33,12 f. Beckmann: Ja, nicht aus Holz, aus Knochen.] Beckmann (immer noch tranceähnlich, spukhaft): Ja, nicht aus Holz, aus Knochen.

33,18 Fingerknöchelchen] Fingerknöchel

35,19 Deubelkommalraus] Deubelkommraus

35,25 Immerzu Unteroffizier Beckmann.] Immer Unteroffizier Beckmann.

36,15 Beckmann: Die Verantwortung.] Beckmann (beinah naiv): Die Verantwortung.

36,17 Gorodok] Gorodock

36,27 habe ich gesagt] habe ich da gesagt

37,7 So war das doch garnicht gemeint] So war es doch nicht gemeint

37,9 So muß es gemeint sein] So muß das gemeint sein

37,24 f. Unteroffizier Beckmann, wo haben Sie meinen Mann? Unteroffizier Beckmann, wo ist mein Sohn] Unteroffizier Beckmann, wo haben Sie meinen Mann? *gestrichen*

38,13 Oberst *(sehr unsicher)*: Junger Mann!] Oberst: (ihm bleibt doch die Luft weg. Aber dann lacht er seine Beklemmung fort, aber nicht gehässig, eher jovial und rauhbeinig, gutmütig, sagt sehr unsicher): Junger Mann!

38,30 Xylophon] Xylophonmusik

39,1 kaputt!!!!] kaputt!!!
39,25 Neieieiein] Nein
43,13 Aber der Krieg ist doch schon lange vorbei!] schon *gestrichen*
48,8 Ganz brav schon.] schon *gestrichen*
49,13–17 Direktor: Ja, Wahrheit! Mit der Wahrheit hat die Kunst doch nichts zu tun! Mit der Wahrheit kommen Sie nicht weit. Damit machen Sie sich nur unbeliebt. Wo kämen wir hin, wenn alle Leute plötzlich die Wahrheit sagen wollten!] Direktor: Ja, Wahrheit! Mit der Wahrheit hat die Kunst doch nichts zu tun! | Beckmann (stur vor sich hin): Nein. | Direktor: Mit der Wahrheit kommen Sie nicht weit. | Beckmann (stur vor sich hin): Nein. | Direktor: Damit machen Sie sich nur unbeliebt.
49,28 wortlos] grußlos
50,23 f. mit der ulkigen Brille] mit 'ner ulkigen Brille
52,7 f. Da kommt mein Vater jeden Morgen um acht raus] Da kommt mein Vater jeden Morgen um acht Uhr raus
54,21 Na, Sie kommen mir aber vor!] Na, *gestrichen*
55,5 abgewandert, parti] verzogen, abgewandert, parti
56,4 f. War ja auch ein bißchen doll, das mit den Juden.] *auch* gestrichen
56,30 f. den beiden Alten dann den Rest gegeben] dann *gestrichen*
57,19 Man hält das aus.] Man hält es aus.
58,15 ff. Gestern waren es vielleicht zweitausend. Morgen werden es viertausend oder sechs Millionen sein.] Gestern waren es vielleicht zweitausend, vorgestern vielleicht siebzigtausend. Morgen werden es viertausend oder sechs Millionen sein.
59,3 f. Aber die Menschen seufzen nicht unter ihren Lampen] Aber die Menschen seufzen nicht mehr unter ihren Lampen
59,5 f. Sie sehen stumm mit Leid aneinander vorbei] Sie sehen stumm und randvoll mit Leid aneinander vorbei
59,25 f. Gehen wir doch noch auf zwei Beinen?] doch *gestrichen*
60,15 f. Ich soll leben, sagst du! Leben, du! Dieses Leben leben?] Leben, du! *gestrichen*
60,23 f. Mich friert, hörst du. Ich habe Hunger!] Mich friert, hörst du. Ich kann nicht mehr stehen, du, ich bin müde. Mach eine Tür auf, du. Ich habe Hunger!

61,20 f. Der Andere: Werd nicht müde, Beckmann. Komm. | Beckmann: Nein, dieses Leben ist weniger als nichts.] Der Andere: Werd nicht müde, Beckmann. Komm. Lebe! | Beckmann: Dieses Leben? Nein, dieses Leben ist weniger als Nichts

63,13 En bas] A bas

65,26 tintenblütiger] tintenblutiger

69,24 Du träumst, du träumst] Du träumst, Beckmann, du träumst

70,12 Menschgüte] Menschengüte

76,10 f. Sie haben alle dieselben gleichgültigen entsetzlichen Visagen] Sie haben alle dieselben gleichen gleichgültigen entsetzlichen Visagen

77,26 Frau Kramer (wohl schnodderig, aber durchaus ehrlich):] *Regieanweisung fehlt*

80,4 ff. Das Mädchen, Beckmann, das dich gewärmt hat. Das Mädchen, Beckmann, das deinen dummen Kopf küssen wollte] Das Mädchen, Beckmann, das deinen dummen Kopf küssen wollte

81,26 f. Der Riese! Der Riese, der einbeinige Riese mit seinen beiden Krücken.] Der Riese, der einbeinige Riese mit seinen beiden Krücken.

82,2 f. Du lebst noch, Beckmann? Du hast doch einen Mord begangen, Beckmann.] Beckmann? Mord begangen, Beckmann.

84,20 den Sie gemordet haben] den sie gemordet haben

85,16 Du bist sonst immer da!] Du bist doch sonst immer da!

85,21–23 Wo ist denn der alte Mann, der sich Gott nennt? | Wo seid ihr denn alle? | Warum redet ihr denn nicht!!] Wo ist denn der alte Mann, der sich Gott nennt? Warum redet er denn nicht!!

85,26 Gibt denn keiner eine Antwort!] eine *gestrichen*

85,29 Ende.] *gestrichen*

Erzählungen aus dem Band *An diesem Dienstag*

Auf das Lemmazeichen] folgt jeweils die Variante der 1947 bei Rowohlt erschienenen Erstausgabe.

An diesem Dienstag

92,17 G wie bei Grube.] G wie Grube.

Nachts schlafen die Ratten doch

101,4 den steifgereckten Schornsteinresten] den steilgereckten Schornsteinresten
101,8 Jetzt holen sie mich!] Jetzt haben sie mich!
101,30 Dann sag ich dir] Dann sage ich dir
102,30 Pfeife kann ich nicht ab.] Pfeife mag ich nicht.

Im Mai, im Mai schrie der Kuckuck

105,28 ach so toll] ach toll
107,25 heldischste] heldische
108,15 heroischste] heroische
118,22 wegdrücken] wegrücken
121,31 im Dunkeln] im Dunkel

Die lange lange Straße lang

128,6 f. die Infantrie die Infantrie die Infantrie] die Infantrie die Infantrie
128,18 nach Haus] nach Hause]
130,4 dadrauf] darauf
130,9 f. Welle Welt] Welle der Welt

150,17 fürchterfürchterlich] fürchterlichfürchterlich
152,5 Aber er bewegt sich] Aber der bewegt sich

Das Brot

Auf das Lemmazeichen] folgt die Variante des Erstdrucks in der *Hamburger Freien Presse* von 1946.

157,22 auf seinen Teller] auf seinem Teller

Alle Milchgeschäfte heißen Hinsch

Auf das Lemmazeichen] folgt jeweils die Variante des 1962 bei Rowohlt erschienenen Bands *Die traurigen Geranien. Geschichten aus dem Nachlaß.*

158,18 f. Manchmal werden sie von ihren Kunden bedauert.] *gestrichen*
158,29–159,2 Von allen Kunden werden sie beneidet. Aber wenn sie morgens um fünf die Ladentür aufmachen müssen, hat noch keiner der Neider ausgeschlafen, um sie zu bedauern.] *gestrichen*
159,4 f. Aber Elsie Hinsch ist mucksch. Schon immer. Oder nicht!] Aber Elsie ist mucksch. Schon immer.
159,29 eisige] einige
160,1 f. nur merkwürdiger, besonderer und viel heimlicher.] nur merkwürdiger.
160,5 spitzgekriegt] herausgekriegt
160,9 f. Dünnbier] Bier
160,10 f. Frauen und Töchter] Frauen oder Töchter
160,15 f. Breitbusige Milchmädchen träumen sich jedenfalls ihre Helden so.] *gestrichen*
160,20 ihre dünnen Röcke] ihre Röcke
161,2 und die den Druck] und den Druck
161,7 f. die durchsichtigen Feenflügel nächtlicher Insekten] Die Feenflügel mancher nächtlicher Insekten
162,5 f. eines fremden feindlichen Überlandwagens] eines fremden Überlandwagens

162,8 ff. Oder – aber das dachte man eigentlich nicht – er hatte eine mürrische magere rotnasige Frau und fünf blökende Kinder.] *gestrichen*

162,23 nachdem] wenn

162,25 ff. Ihre Augen, die wie Motten um die Lampe irren, fallen erst zu, wenn Frau Hinsch das Licht ausgemacht hat.] *gestrichen*

Anmerkungen

Draußen vor der Tür

5,5 *Hans Quest:* deutscher Schauspieler und Regisseur (1915–1997), dem die erste Buchausgabe des Stücks gewidmet war. Quest sprach die Rolle des »Beckmann« in der am 13. Februar 1947 ausgestrahlten Hörspielfassung des NWDR und spielte sie auch am 21. November 1947 bei der Uraufführung in den Hamburger Kammerspielen.

8,2 *Pontons:* schwimmender Hohlkörper zur behelfsmäßigen Überbrückung oder als Schiffsanleger.

11,27 *St. Pauli:* Stadtteil von Hamburg; durch das Vergnügungsviertel »Reeperbahn« international bekannt.
Landungsbrücken: große Fähranlegestelle in St. Pauli.

12,6 *Ophelia:* Geliebte Hamlets in Shakespeares Drama, die, von der Liebe in den Wahnsinn getrieben, schließlich im Wasser Suizid begeht. Die im Wasser treibende Ophelia ist ein häufiges Motiv in Malerei und Literatur, u. a. in Gedichten von Arthur Rimbaud (1854–1891), Georg Heym (1887–1912) oder Bertolt Brecht (1898–1956).

12,20 *Stift:* Lehrling, hier: unerfahrener junger Mann.

13,7 *jumpen:* plattdeutsch für ›springen‹, ›hüpfen‹.

14,1 *Blankenese:* Ortsteil von Altona, einige Kilometer elbabwärts von den Landungsbrücken aus gesehen.

14,19 *Smolensk:* vgl. Anm. zu 90,21.

14,20 *Gorodok:* heute ukrainische Stadt (Horodek), die nach dem Ersten Weltkrieg zu Polen (Gródek) gehörte und 1939 von der Sowjetunion besetzt wurde; möglicherweise Anspielung auf Georg Trakls (1887–1914) Gedicht *Grodek*, in dem dieser sein Kriegstrauma umsetzt. Ein Aufenthalt Borcherts in Gorodok ist nicht belegt.

14,21 *Stalingrad:* In der Schlacht um Stalingrad (heute Wolgograd), die sich von August 1942 bis Februar 1943 hinzog, kamen etwa eine Million Soldaten und eine unbekannte Zahl an russischen Zivilisten ums Leben. Die von den Deutschen verlorene Schlacht wurde lange als Wendepunkt des Zweiten Weltkriegs betrachtet.

16,28 *Mutt:* auch: Mudd; plattdeutsch für ›Schlamm‹.

29,7 *den Zimt:* hier: den Quatsch.

29,21 f. *Und unser Häuptling zog sich Zivil an und aß Kaviar:* Der Oberbefehlshaber der 6. Armee bei der Schlacht um Stalingrad, Friedrich Wilhelm Ernst Paulus (1890–1957), kam am 31. Januar 1943 in sowjetische Kriegsgefangenschaft. Hitler hatte von ihm erwartet, sich der Gefangennahme durch Selbstmord zu entziehen.

30,5 *Clausewitz:* Carl von Clausewitz (1780–1831), preußischer Generalmajor und Kriegstheoretiker, der unter anderem den Begriff des »absoluten Krieges« (der jedoch, anders als der »wirkliche Krieg«, gar nicht eintreten könne) prägte. In seinem Hauptwerk *Vom Kriege* (posth. 1832–34) ist das Zitat nicht nachzuweisen.

32,7 *Ulkig:* witzig, amüsant.

32,22 *Da steht ein Mann und spielt Xylophon:* Das Spiel auf dem Knochenxylophon erinnert an mittelalterliche Totentanzdarstellungen und an Darstellungen bei Alfred Kubin (1877–1959) oder Georg Heym.

33,26 *Preußens Gloria:* Militärmarsch, komponiert von Johann Gottfried Piefke (1815–1884), entstanden 1871, wird oftmals als Symbol für Größe und Glanz des deutschen Militärs genutzt und steht auch im Mittelpunkt der gleichnamigen 1946 entstandenen Erzählung Borcherts.

33,26 f. *den Badenweiler:* Badonviller-Marsch, auch »Badenweiler-Marsch« genannt, 1914 komponiert von Georg Fürst (1870–1936). Anlass und Thema des Marsches ist der Sieg des Deutschen Heeres bei Badonviller in Frankreich, er wurde regelmäßig bei den Auftritten Adolf Hitlers gespielt.

33,27 f. *Einzug der Gladiatoren:* Triumphmarsch, komponiert von Julius Fučík (1872–1916) von 1899, bekannt vor allem für dessen Verwendung im Zirkus.

33,28 *die Alten Kameraden:* Militärmarsch, komponiert von Carl Teike (1864–1922) von 1889.

35,6 *bresthaft:* veraltet für: gebrechlich, kränklich.

35,16 *piepen:* pfeifen.

36,17 *Gorodok:* vgl. Anm. zu 14,20.

38,15 *Pazifist:* Mensch, der Gewalt oder Krieg ablehnt.

38,19 *Schelm:* hier nicht in älterer Bedeutung als wüstes Schimpfwort (»Verbrecher«, »Teufel«), sondern als »Schalk«.

41,19 *Arche Noah:* Im Alten Testament (Genesis 6–9) warnt Gott Noah vor der Flut und gibt ihm den Auftrag, eine Arche (wörtl.: einen Kasten) zu bauen und dorthinein seine acht Familienmitglieder und Landtiere (jeweils ein Paar) zu bringen, um sie so vor der Flut zu retten.

42,10 *Schiller, der mit zwanzig seine Räuber machte: Die Räuber. Ein Schauspiel* (1781), erstes vollendetes, in der Manier des Sturm und Drang geschriebenes Drama Friedrich Schillers (1759–1805), das nicht nur bei der Erstaufführung 1782 eine durchschlagende Wirkung auf das Publikum hatte: »Fremde Menschen fielen einander schluchzend in die Arme«, so ein Augenzeuge.

42,11 *Grabbe:* Christian Dietrich Grabbe (1801–1836), Autor des Vormärz, der in der Tradition Shakespeares und des Sturm und Drang mit zahlreichen Konventionen der klassischen Dramenform brach. Im Nationalsozialismus wurde er besonders wegen seiner als nationalistisch verstehbaren Texte rezipiert.

Heinrich Heine: Autor des Vormärz (1797–1856), der mit seinen frühen, die Romantik ironisierenden und seinen zeitkritischen Gedichten großen Erfolg beim Publikum hatte. Im Nationalsozialismus wurden seine Werke auf Grund seiner jüdischen Herkunft und seiner spöttischen Kritik am reaktionären Deutschland verboten.

42,28 *die Avantgardisten:* hier im Sinne von jungen, die erstarrten Konventionen umstürzenden Dichtern. Literaturgeschichtlich gesehen hatte die Avantgarde als Dadaismus oder Futurismus ihre große Zeit in den Jahren des Ersten Weltkriegs.

43,18 *Sibirien:* Gebiet in Nord-Russland, in dem sich während des Zweiten Weltkriegs und in den Jahren danach zahlreiche sowjetische Kriegsgefangenenlager befanden.

45,4 f. *Die Jungfrau von Orléans:* Jeanne d'Arc (1412–1431), französische Nationalheldin, auf dem Scheiterhaufen verbrannt, heute von der katholischen Kirche als Heilige verehrt, außerdem Titel eines Dramas von Friedrich Schiller (1801).

45,5 *Richard Wagner:* Richard Wagner (1813–1883), bedeutender deutscher Komponist und Autor, der vor allem für seine monumentalen Musikdramen bekannt wurde, Lieblingskomponist Adolf Hitlers.

Schmeling: Max Schmeling (1905–2005), deutscher Schwergewichtsboxer und Weltmeister.

45,5 f. *Shirley Temple:* US-amerikanische Schauspielerin (1928–2014), die vor allem für ihre Kinderrollen, in denen sie tanzte und sang, berühmt war.

47,1 f. *Melodie der »tapferen kleinen Soldatenfrau«:* populäres nationalsozialistisches Soldatenlied von Karl Strässer (1869–1945), vermutlich um 1940. Der Text, den Beckmann singt, ist stark verändert und hat kaum noch Übereinstimmungen mit dem Original, dessen Refrain lautet: »Tapfere kleine Soldatenfrau, / Warte nur bald / Kehren wir zurück. / Tapfere kleine Soldatenfrau, / Du bist ja mein ganzes Glück / Tapfere kleine Soldatenfrau / Ich weiß wie so treu du denkst an mich. / Und so soll es immer sein, / Und so denk ich ja auch dein / Und aus dem Felde von Herzen grüß ich dich« (zit. nach: https://www.deutsche-digitale-bibliothek.de/item/JYSPLLQQGAHPSHT5YCAWFJVLLHVSSVIQ?isThumbnailFiltered=true&query=tapfere+kleine+soldatenfrau&rows=20&offset=0&viewType=list&firstHit=JYSPLLQQGAHPSHT5YCAWFJVLLHVSSVIQ&lastHit=lasthit&hitNumber=1)

48,6 *verkleckert:* läuft aus, hier: verstummt nach und nach.

48,9 *Esprit:* Geist, Pfiff.

48,12 *Timbre:* charakteristische Klangfarbe einer Stimme.

48,23–25 *Goethe … Operette:* Goethe begleitete den Weimarer Herzog Carl August (1757–1828) 1792 beim Feldzug gegen das revolutionäre Frankreich und berichtete davon in seiner autobiographischen Schrift *Campagne in Frankreich 1792* (1822). Von einer dort geschriebenen Operette ist allerdings nichts bekannt. Möglicherweise ist hier das schon 1791 entstandene, ursprünglich als komische Oper geplante Lustspiel *Der Groß-Cophta* gemeint, in dem sich Goethe mit der Französischen Revolution auseinandersetzte.

49,8 *Biskuit:* Feingebäck aus Mehl, Eiern und Zucker.

52,20 f. *röppelt sich … ab:* spult bzw. wickelt sich ab.

55,5 *parti:* (frz.) gegangen; euphemistisch für ›gestorben‹ bzw. ›hinübergegangen‹.

55,28 *verknusen:* verwinden, ertragen.

56,13 *Heckmeck:* Ärger, Nerverei.

57,2 *entnazifiziert:* Die Entnazifizierung Deutschlands war eines der erklärten gemeinsamen Ziele der Siegermächte USA, Großbritannien, Frankreich und der Sowjetunion im weiteren Umgang mit Deutschland nach dem Zweiten Weltkrieg. Die nationalsozialistische Ideologie sollte vor einer erneuten Unabhängigkeit des Landes aus den Köpfen der Deutschen vertrieben und Funktionäre der NS-Zeit bestraft werden; hier euphemistisch für: sich umgebracht.

58,25 *Kapstadt:* nach Johannesburg zweitgrößte Stadt Südafrikas, nahe dem« »Kap der Guten Hoffnung«.

61,1 *Dostojewski … Gorki:* Die russischen Schriftsteller Fjodor Michailowitsch Dostojewski (1821–1881) und Maxim Gorki (1868–1936) schilderten in ihren Werken das elende Leben im zaristischen Russland.

61,30–62,3 *1. Akt … 5. Akt:* klassische Dramenaufteilung.

62,4 f. *Elbe … Mississippi:* Mit der Nennung eines deutschen, eines französischen, eines russischen und eines amerikanischen Flusses wird auf die Allgemeingültigkeit eines Zustands ›draußen vor der Tür‹ verwiesen.

63,13 *En bas:* (frz.) unten bzw. abwärts.

71,29 *Torfköppe:* plattdeutsch für ›Dummköpfe‹.

71,30 *Räsonneure:* argumentierfreudige Menschen; hier als Beleidigung für Menschen, die nicht bereit sind, Tatsachen anzuerkennen.

Wasserleichenaspiranten: Menschen, die sich mit großer Wahrscheinlichkeit ebenfalls bald das Leben im Wasser nehmen; »Aspirant«: Anwärter.

72,24 *Tenor:* hohe, deshalb oft jugendlich klingende Stimmlage.

73,22 *a. D.:* Abk. für: außer Diensten.

75,25 f. *prädestiniert:* vorherbestimmt.

76,11 *Visagen:* Gesichter.

76,24 *Langemarckfeiern:* Laut einer Verlautbarung der Obersten Heeresleitung sollen am 11. November 1914 in der Nähe von Langemarck in Flandern »junge Regimenter unter dem Gesang ›Deutschland, Deutschland über alles‹ gegen die erste Linie der feindlichen Stellungen« gezogen sein und diese genommen haben. Nach dem Ende des Ersten Weltkriegs wurde dies von nationalistischen Gruppen zu einem Mythos verklärt. Während des Dritten Reichs organisierte die Hitlerjugend jährlich im November Langemarckfeiern mit Hymnen und Fahnen.

76,26 *Blutorden:* Mit dem zur Erinnerung an die während des gescheiterten Hitlerputschs 1923 Getöteten verliehenen sog. Blutorden wurden verdiente Parteigenossen der NSDAP ausgezeichnet.

78,7 *egal:* hier: unabhängig davon, worum es geht.

85,6 *blasiert:* aufgeblasen, hochnäsig.

Generation ohne Abschied

89,7 f. *Laufgitter:* früher übliche Verwahrungsform von Babys und Kleinkindern in einem Gitterviereck.

90,21 *Smolensk:* Stadt in West-Russland (nahe Weißrussland), ab 1941 von den Deutschen besetzt. Borchert war ab Dezember 1941 an der Front bei Smolensk stationiert und wurde 1943 nach verletzungsbedingtem Aufenthalt in Deutschland und erneuten Erkrankungen nach Rückkehr an die Front im dortigen Seuchenlazarett (vgl. Anm. zu 94,19) behandelt. In vielen seiner Texte spielt er über die Nennung dieses Ortsnamens auf diese Zusammenhänge an.

90,24 *Normandie:* Region im Nordwesten Frankreichs. Zur Zeit des Nationalsozialismus von der deutschen Wehrmacht besetzt, 1944 Landungspunkt der alliierten Truppen zum Aufbau einer zweiten Front gegen das »Deutsche Reich«.

90,28 *Gut in Westfalen:* Als Borchert kurz vor der Kapitulation Deutschlands desertierte und die Heimreise Richtung Hamburg antrat, wurde er zeitweise auf dem Rittergut Wöbbel in Westfalen aufgenommen.

An diesem Dienstag

92,12 *Der Alte Fritz:* volkstümlicher Name für Friedrich II. (1712–1786), von 1740 bis 1786 König von Preußen.

92,13 *Die Dicke Berta schoß bis Paris:* Bezeichnung für ein von Krupp entwickeltes großkalibriges Geschütz, mit dem zu Beginn des Ersten Weltkriegs zahlreiche belgische und französische Festungsanlagen sturmreif geschossen wurden. Ein einzelnes dieser Geschütze kam auch noch 1942 im Zweiten Weltkrieg zum Einsatz. Ein anderes, nicht ganz so großkalibriges Geschütz hatte eine Reichweite von 130 km, so dass mit ihm 1918 mehrfach Paris beschossen werden konnte.

93,15 *'türlich:* natürlich.

94,3 *Hölderlin:* Friedrich Hölderlin (1770–1843). Zu Beginn des Ersten Weltkriegs sollen deutsche Soldaten mit Gedichten Friedrich Hölderlins wie etwa *Der Tod fürs Vaterland* im Tornister freiwillig an die Front gezogen sein. Auch im Zweiten Weltkrieg wurden entsprechende Gedichte Hölderlins von der nationalsozialistischen Propaganda benutzt.

94,5 *Wilhelm Busch:* humoristischer Dichter und Zeichner (1832–1908).

94,12 *Grenadier:* Infanterist, hier im Sinne von einfacher Soldat. Borchert selbst war Panzergrenadier.

94,19 *Fleckfieberverdacht:* Die durch Läuse oder Flöhe übertragene, mit hohem Fieber und Bewusstseinstrübung verbundene Krankheit trat im Zweiten Weltkrieg relativ häufig auf. Borchert lag Anfang 1943 mit Fleckfieberverdacht im Seuchenlazarett Smolensk.

95,19 *die Zauberflöte:* berühmte Oper bzw. Singspiel von Wolfgang Amadeus Mozart (1756–1791), 1791 uraufgeführt.

95,20 *rot gemacht:* d. h. Rouge oder Lippenstift aufgetragen.

96,6 f. *Zicke zacke juppheidi / Schneidig ist die Infanterie*: aus dem nationalsozialistischen Soldatenlied (1935) »Wir sind vom Herr die Infanterie« von Herms Niel (1888–1954), einem der beliebtesten deutschen Militärkomponisten, von Borchert mehrfach erwähnt.

Die Küchenuhr

98,7 *um halb drei:* Die gleiche Zeitangabe auch in der Erzählung *Das Brot.* Auch weitere verwendete Motive ähneln einander.

Nachts schlafen die Ratten doch

101,10 *behoste:* mit Hosen bekleidete.

Im Mai, im Mai schrie der Kuckuck

107,15–18 *Kuckuck, brüderlicher Vogel ... als Fremdling:* Kuckucke sind Brutparasiten, d. h. sie legen ihre Eier einzeln in die Nester kleinerer Singvögel, brüten also nicht selbst. Ist das Kuckucksjunge geschlüpft, entfernt es die Eier und Jungvögel der Wirtseltern aus dem Nest und wächst allein heran (und überfordert dabei oft seine Wirtseltern wegen seiner schnell zunehmenden Größe).

109,15 *Glossen:* polemische Kommentare oder Anmerkungen

109,18 *Sisyphusseiten:* Sisyphos, Figur aus der griechischen Mythologie, die vor allem für die ihr von den Göttern der Unterwelt auferlegte Strafe bekannt wurde. Diese bestand darin, dass er einen Stein einen Hügel hinauf rollen musste, der aber kurz vor Erreichen der Spitze immer wieder zurückrollte, so dass Sisyphus mit der Arbeit wieder von vorne beginnen musste.

109,21 *Ode:* in Strophen unterteiltes, ungereimtes Lied oder Gedicht, das meist feierliche Anlässe oder heroische Gegenstände thematisiert.

109,22 *Epos:* umfangreiche Verserzählung.

110,7 *Smolensk:* vgl. Anm. zu 90,21.

111,7 *triste:* traurig.

111,26 f. *aufstößt:* rülpst.

112,21 *Flickenkönige von Lumpens Gnaden:* Anspielung auf die Formel ›König von Gottes Gnaden‹.

112,29 *unterm Großen Bär:* Großer Bär: ein bekanntes Sternbild.

113,3 f. *ligusternen:* Liguster: immergrüne oder laubabwerfende (Bäume oder) Sträucher.

115,20 f. *Amor und Psyche:* oftmals in Kunst und Literatur verwendetes Motiv, das auf den antiken Roman *Metamorphosen* bzw. *Der Goldene Esel* von Apuleius (um 124 – um 180 n. Chr.) zurückgeht. Das Märchen erzählt von der Liebe zwischen dem Mädchen Psyche und dem Gott Amor, der durch die Eifersucht der Göttin Venus so lange Steine in den Weg gelegt wird, bis die beiden im Tode vereint werden.

120,22 f. *sangen sie die Rosamunde:* ursprünglich tschechisches Stimmungslied (Polka) von Jaromir Vejvoda (1902–1988, 1927), 1934 von Klaus S. Richter (Lebensdaten unbekannt) mit einem deutschen Text versehen.

121,17–22 *der wollte keine Knechte … die Feeeheeede:* Anlehnung an das »Vaterlandslied« von Ernst Moritz Arndt (1769–1860, 1812). Der Originaltext der ersten Strophe lautet: »Der Gott, der Eisen wachsen ließ, / Der wollte keine Knechte, / Drum gab er Säbel, Schwert und Spieß / Dem Mann in seine Rechte, / Drum gab er ihm den kühnen Mut, / Den Zorn der freien Rede, / Daß er bestände bis aufs Blut, / Bis in den Tod die Fehde« (Ernst Moritz Arndt, *Lieder für Teutsche*, neu hrsg. von F.M. Kircheisen, Berlin 1913, S. 81).

122,2 *Männergesang von Madagaskar:* 1934 von Justus Scheu geschriebenes Seemannslied, das in leicht voneinander abweichenden Textvarianten existiert: »Wir lagen vor Madagaskar / Und hatten die Pest an Bord / In den Kesseln, da faulte das Wasser / Und täglich ging einer über Bord // Ahoi, Kameraden, ahoi, ahoi. / Leb wohl, kleines Mädel, leb wohl, leb wohl!«

122,12 f. *Und führe uns … MGs:* Anspielung auf das »Vaterunser«, das bekannteste christliche Gebet; dort heißt es: »Vater unser im Himmel, geheiligt werde dein Name. […] Und führe uns nicht in Versuchung, sondern erlöse uns von dem Bösen.«

122,13 *MGs:* (Abk.) Maschinengewehre.

123,10 *Ode:* vgl. Anm. zu 109,21.

125,7 *Syphilis:* chronische, sexuell übertragbare Infektionskrankheit; führt am Ende zur Zerstörung des zentralen Nervensystems, kann durch Penicillin behandelt werden (das im Zweiten Weltkrieg nur den Amerikanern zur Verfügung stand).

126,6 *uuht:* den Laut »uuh« macht.

Die lange lange Straße lang:

128,6 f. *schneidig ... Infantrie:* vgl. Anm. zu 96,6.

128,15 *Woronesch:* russische Stadt in der Nähe der Ukraine, die während des Zweiten Weltkrieges von der Deutschen Wehrmacht besetzt worden war und bei der im Juni/Juli 1942 eine Schlacht mit vielen Toten auf beiden Seiten stattfand.

128,19 *Grammophon:* Gerät zum Abspielen von Schallplatten.

128,22 *Kanonenorgel:* die sogenannte Stalinorgel (wegen der Anordnung der Raketen) oder »Katjuscha«, ein auf eine LKW-Lafette montierter Mehrfachraketenwerfer, der auch zur psychologischen Kriegsführung wegen des mit dem Abfeuern verbundenen Lärms (extrem lautes und hohes Pfeifen) ab 1941 bei den russischen Truppen eingesetzt wurde.

131,9 *Aschkastenspalier:* in etwa: Aufreihung von Mülltonnen.
Rinnsteinglacis: Glacis: leicht ansteigende Erdaufschüttung (Festungsbau).

131,9 f. *Champs-Ruinés:* Anspielung auf die berühmte Einkaufs- und Prachtmeile Champs-Élysées in Paris.

132,27 *Lazarett:* vgl. Anm. zu 94,19.

135,1 *Mein Reich ist von dieser dieser Welt:* vgl. anders Johannes 18,36: Auf Pilatus' Frage, was er getan habe, dass sein Volk ihn ausgeliefert habe, antwortet Jesus: »Mein Reich ist nicht von dieser Welt. Wäre mein Reich von dieser Welt, meine Diener würden kämpfen, dass ich den Juden nicht überantwortet würde; aber nun ist mein Reich nicht von dannen« (Lutherbibel 1912).

138,6–18 *Passe ... gemauert ... Trumpf ... dann wollen wir mal auf die Dörfer gehen:* Skatbegriffe.

138,11 *Ramsch:* (umgangsspr., abwertend) nutzlose Dinge; auch Spielvariante beim Skat, bei der möglichst wenige Punkte erzielt werden müssen.

139,16 *Pyramidon:* verbreitetes fiebersenkendes und schmerzstillendes Medikament mit dem Wirkstoff Aminophenazon.

139,22 *der Laden floriert:* das Geschäft geht blendend, es blüht.

140,4 *Ackerkrume:* oberste Ackerschicht.

140,6 *blaue Blume:* von Novalis (1772–1801) in seinem fragmentarischen Roman *Heinrich von Ofterdingen* (posth. 1802) geprägtes Symbol für das Streben nach dem Unendlichen, das als Inbegriff der Romantik gilt.

141,21 *Iwans:* abwertende Kollektivbezeichnung für Russen.

144,1 *Komm lieber Mai und mache:* »Komm, lieber Mai, und mache / die Bäume wieder grün«, von Wolfgang Amadeus Mozart (1756–1791) vertontes Lied von Christian Adolph Overbeck (1755–1821), hat inzwischen Volksliedcharakter.

146,13 *zehn Mark:* mit der Umstellung auf den Euro am 1. Januar 2002 wurde 1 Deutsche Mark (DM) auf 0,51 Euro umgerechnet. 10 DM sind also 5,11 Euro. Allerdings kann man davon ausgehen, dass durch Preissteigerung, höhere Gehälter usw. sich der Wert einer Mark von 1948 bis heute nahezu vervierfacht hat: »zehn Mark« von 1948 wären heute also etwa 40 DM bzw. 20,45 Euro wert.

146,17–19 *Passion ... Matthäus-Passion ... Barrabas:* Die Matthäus-Passion ist ein Oratorium Johann Sebastian Bachs (1685–1750, BWV 244), das die Leidensgeschichte Christi beschreibt. Dem Bericht des Evangelisten Matthäus folgend wird das Volk in Nr. 45 des Oratoriums von Pontius Pilatus vor die Wahl gestellt, entweder Jesus oder einen ebenfalls in römischer Haft befindlichen Mörder namens Barrabas zu begnadigen, worauf der Chor mit einem eindringlichen »Barrabam!« antwortet.

146,25 *Billetts:* Eintrittskarten.

147,12 *gegenan:* dagegen an.

148,13 *über:* übriggeblieben.

148,14 *Woronesch:* vgl. Anm. zu 128,15.

149,2 f. *Freut euch des Lebens:* Liedtext von Johann Martin Usteri (entst. um 1793), Melodie von Hans Georg Nägeli. Borchert verändert auch hier Teile des Originaltextes: 1. Strophe: »Freut euch des Lebens, / weil noch das Lämpchen glüht; / pflücket die Rose, / eh' sie verblüht!«

149,30 *Dr. Faust:* Die Geschichte des Doktor Faust, die Goethe zu seinen Faust-Dramen inspirierte, wurde auf den Wanderbühnen häufig auch als Marionetten- oder Puppenspiel dargestellt.

Alle Milchgeschäfte heißen Hinsch

159,8 *Artillerie:* schwerbewaffnete Kampfeinheit.
159,15 *Minnedienst:* höfischer Dienst eines Ritters für eine verehrte Frau, einem Ideal platonischer Liebe entsprechend.
159,21 *schwertbehangenen Engel:* Bezug auf den Erzengel Michael, der im Alten Testament als Schutzengel des Volkes Israels genannt wird; in der christlichen Tradition wird er als mit einem Flammenschwert bewaffneter Hüter der Paradiespforte und als Bezwinger des Satans (Offenbarung des Johannes) dargestellt. Die Erzählung (Apokalypse des Mose) von der Vertreibung Adams und Evas aus dem Paradies durch Michael ist nicht Teil des biblischen Kanons, hat aber gleichwohl, auch in der bildenden Kunst, einen großen Einfluss ausgeübt.
159,5 *mucksch:* plattdeutsch für ›launisch‹.
160,7 *Madonnen:* Madonna ist eine vor allem im Bereich der Kunstgeschichte (Marienbildnis) übliche Bezeichnung für Maria, die Mutter Jesu, die als Idealbild der Unschuld gilt und entsprechend dargestellt wird.

Lesebuchgeschichten

164,10 *Sparta:* Stadtstaat im antiken Griechenland, der unter anderem für seine unerbittlichen Elitekrieger (Spartiaten) und ein völlig durchmilitarisiertes Gemeinwesen bekannt war.
164,10 f. *Clausewitz:* vgl. Anm. zu 30,5.
164,11 f. *Hölderlin:* vgl. Anm. zu 94,3.
164,12 *Langemarck:* vgl. Anm. zu 76,24.
164,13 f. *Gott der Eisen wachsen ließ:* erste Zeile des Gedichts *Va-*

terlandslied von Ernst Moritz Arndt (1812). Vgl. Anm. zu 121, 17–22.

166,23 *Stinte:* Stint: ein bis zu 30 cm langer Speisefisch.

Das ist unser Manifest

167,16 f. *das Lied von den brausenden Panzern:* Das nationalsozialistische Soldatenlied »Ob's stürmt oder schneit« (1935) von Kurt Wiehle (Lebensdaten unbekannt) enthält die Zeilen: »Es braust unser Panzer / Im Sturmwind dahin.«

167,17 *das Lied von dem Edelweiß:* »Es war ein Edelweiß«, 1941 für die Wehrmacht komponiertes Lied von Herms Niel. Vgl. Anm. zu 96,6.

167,25 *Cyrenaika:* Region in Ost-Libyen, die 1941 beim sog. »Afrikafeldzug« der deutschen Wehrmacht eine wichtige Rolle spielte.

169,6 *Phosphor:* extrem leicht entzündliches Element, das sowohl wegen seines Leuchtens bei der Reaktion mit Sauerstoff als auch zu militärischen Zwecken genutzt wurde (vgl. Phosphorbomben).

Synkopen: stilbildendes rhythmisches Gestaltungsmittel im Jazz, Betonung unbetonter Taktteile. Jazz war während des Dritten Reichs als ›entartete Kunst‹ verboten.

169,10 *Harmonielehre:* Lehre vom Aufbau und der Verbindung von Akkorden und deren Verhältnis zueinander.

169,11 *wohltemperierten Klaviere:* Das *Wohltemperierte Klavier* ist eine Sammlung von Präludien und Fugen von Johann Sebastian Bach (BWV 846–893), die zwischen 1722 und 1742 veröffentlicht wurde (nach Hans von Bülow das »Alte Testament der Musik«), hier im Sinne von ausgewogen und regelmäßig.

169,19 f. *ja sagen und nein sagen:* vgl. Matthäus 5,36: »Eure Rede aber sei: Ja, ja; nein, nein. Was darüber ist, das ist vom Übel« (Lutherbibel 1912).

169,21 *Semikolons:* Strichpunkte (;) zur lockeren Ordnung.

170,23 *Herms Niel-Kantaten:* zu Herms Niel vgl. Anm. zu 96,6. Eine Kantate ist ein mehrsätziges Werk für Einzelstimmen und Chor

und Instrumentalbegleitung, das auch im Gottesdienst eine Rolle spielt (vgl. die zahlreichen Kantaten von J. S. Bach).
Hölderlin: vgl. Anm. zu 94,3.

170,25 *Baldur von Schirach:* einflussreicher nationalsozialistischer Politiker und ›Reichsjugendführer‹ (1907–1974). 1946 in den Nürnberger Prozessen als einer der Hauptkriegsverbrecher zu 20 Jahren Gefängnis verurteilt.

170,25 f. *Landserlied:* »Wir sind die alten Landser« von Edmund Kötscher (1943). Als »Landserlieder« bezeichnet man auch Soldatenlieder allgemein, die während der NS-Zeit häufig kriegsverherrlichend und chauvinistisch waren.

171,16 *Iwans:* vgl. Anm. zu 141,21.

171,18 *M. Gs.:* vgl. Anm. zu 122,13.

171,23 *Rilke-Herz:* Die Gedichte Rainer Maria Rilkes (1875–1925) waren ein Vorbild für Borcherts eigene frühe Lyrik.

172,10 *ehe der Clown kräht – haben wir es dreimal verleugnet:* Jesus prophezeit in den Evangelien, sein Jünger Petrus werde ihn noch in derselben Nacht, bevor der Hahn krähe, dreimal verleugnen.

172,21 *Hindenburgportraits:* Paul von Hindenburg (1847–1934), Generalfeldmarschall im Ersten Weltkrieg und von 1925 an deutscher Reichspräsident, ernannte Hitler am 30. Januar 1933 zum Reichskanzler und war damit maßgeblich an der nationalsozialistischen Machtergreifung beteiligt.

172,25 *benäseln:* unklar, vielleicht ›mit näselnder Stimme indoktrinieren‹ (vgl. ›an der Nase herumführen‹).

172,26 *Langemarck:* vgl. Anm. zu 76,24.
Stalingrad: vgl. Anm. zu 14,21.

173,10 *Nitschewo:* aus dem Russischen stammende, umgangssprachliche Floskel: macht nichts; hat nichts zu bedeuten.

173,10 f. *Parti:* (frz.) vergangen.

173,11 *perdu:* (frz.) verloren.

Dann gibt es nur eins!

177,26 *Normandie:* vgl. Anm. zu 90,24.
177,27 *Frisko:* Frisco: Abkürzung für San Francisco.
Hoangho: der Gelbe Fluss in China.
178,9 *Mammutkadaver:* Mammut: ausgestorbene, urzeitliche Woll-Elefantenart mit einer Schulterhöhe von bis zu 3,8 m; einige Exemplare wurden nach Abtauen von Eis nahezu unversehrt gefunden.
178,12 *siech:* krank.
179,9 *die Essen:* Esse: Rauchfang über dem Herd einer Schmiede, auch Industrieschornstein.

Nachwort: Nun singen sie wieder

Autor und Werk

Person und Werk Wolfgang Borcherts (1921–1947) umgibt bis heute ein Nimbus: Er war ein junger Autor, der – schwerkrank aus dem Krieg zurückgekehrt – wie aus dem Nichts und »wie im Wettlauf mit dem Tode« (Heinrich Böll) eine Folge von Gedichten, Kurzgeschichten und ein Theaterstück schrieb, mit denen er den Nerv der gern als »Stunde Null« apostrophierten Nachkriegsatmosphäre traf. Mit seinem Heimkehrerdrama *Draußen vor der Tür* identifizierte sich eine ganze Generation junger Männer, die hier ihre eigene Stimmung ausgedrückt sah: um ihre Jugend betrogen, vor den Trümmern eines untergegangenen Weltbildes, scheinbar ohne Platz im Nachkriegsdeutschland. Das Stück bot ihnen auch die Möglichkeit, die Schuld an den Gräueln des Kriegs und des Nationalsozialismus auf die ältere Generation zu schieben.

Leicht lässt sich aus seinem Drama – wie aus seinen Kurzgeschichten und Manifesten – eine pazifistische Tendenz herauslesen, die sie in Krisensituationen immer wieder aktuell erscheinen lässt. Vor allem junge, nach einer eigenen Identität suchende Leser fühlen sich immer aufs Neue angesprochen von dem den Stil des Expressionismus aufnehmenden,[1] mit Emotionen arbeitenden Borchert-Sound mit seinem »hämmernde[n] Staccato-Stil«[2] (Alfred

1 Vgl. dazu Urs Widmer, *1945 oder die »Neue Sprache«. Studien zur Prosa der »Jungen Generation«*, Düsseldorf 1966, S. 119–127.

2 Alfred Andersch, »Das Gras und der alte Mann«, in: A. A., *Gesam-*

Andersch) und seiner »rauschenden Wortmusik« (Urs Widmer) auf der einen und der Schlichtheit und Lakonie von Erzählungen wie *Das Brot* auf der anderen Seite.

Nicht nur in der Schule gehört Borchert heute nach wie vor zu den meistgelesenen Autoren der unmittelbaren Nachkriegszeit. In den letzten Jahren sind Borcherts Texte aber auch verstärkt kritisch gelesen worden, als ästhetisch defizitär, politisch fragwürdig, sentimental, ja »pubertär«[3]. Die Auseinandersetzung mit Borchert hat sich dieser Kritik zu stellen, auch und gerade dann, wenn sie diesen Autor lebendig erhalten will: Sie muss die Kontexte seines Schreibens und die sich verändernden Umstände seiner Rezeption berücksichtigen, wenn sie ihn würdigen und seinen anhaltenden Erfolg verstehen will. In den »Bewußtseinszustand« der »unmittelbare[n] Nachkriegszeit« sind »ideologische (und literarische) Kontinuitäten aus der Zeit von vor 1945 eingelagert«[4]. Dies trifft auch für Borcherts Schreiben zu, das aber in der Rückschau gerade dadurch auch zeigen kann, was für Mentalitäten der 1949 entstehenden Bundesrepublik Deutschland zugrundeliegen. In dieser Hinsicht geben Borcherts Texte nach wie vor wichtige »Auskunft über die Zeitgeschichte um 1945«.[5]

melte Werke in zehn Bänden, hrsg. von Dieter Lamping, Bd. 8: *Essayistische Schriften 1*, Zürich 2004, S. 175–179, hier S. 176 f.

3 Jan Philipp Reemtsma, »Generation ohne Abschied. Wolfgang Borchert als Angebot«, in: J. Ph. R., *Der Vorgang des Ertaubens nach dem Urknall. 10 Reden und Aufsätze*, Zürich 1995, S. 24–61, hier S. 28.

4 Gordon J. A. Burgess / Hans-Gerd Winter, »Einleitung«, in: *»Pack das Leben bei den Haaren«. Wolfgang Borchert in neuer Sicht*, hrsg. von G. J. A. B. und H.-G. W., Hamburg 1996, S. 8–21, hier S. 12.

5 Theo Elm, »Draußen vor der Tür: Geschichtlichkeit und Aktualität

Dies gilt zumal für das wahrscheinlich populärste deutsche Nachkriegsstück *Draußen vor der Tür*, dessen Erstaufführung an den Hamburger Kammerspielen am 21. November 1947 der am Vortag in Basel verstorbene Borchert nicht mehr erlebte. Schon am 13. Februar war vom NWDR eine Hörspielfassung ausgestrahlt worden, in der wie auch in der Erstaufführung die Hauptfigur Beckmann von Hans Quest, dem die erste Buchausgabe des Stücks gewidmet ist, dargestellt wurde. Der riesige Erfolg des Stücks straft den Untertitel »Ein Stück, das kein Theater spielen und kein Publikum sehen will« Lügen.

Wie ist dieser Erfolg dieses »hochartifizielle[n] Stationsdramas«, das mit den ›Heimkehr‹-Stücken Ernst Tollers und den *Heimkehr*-Gedichten Georg Trakls aus der Zeit nach dem Ersten Weltkrieg verglichen worden ist,[6] zu erklären? Neben der suggestiven, pathetischen Sprache sind es wohl vor allem die – positiven wie negativen – Identifizierungsmöglichkeiten, die es bietet.

Beispielhaft ist dafür die III. Szene, in der Beckmann einem Obersten, der in seine saturierten Vorkriegsverhältnisse zurückgekehrt ist, die »Verantwortung« zurückgeben will, die Verantwortung für die Toten, die man auf dem Gewissen hat, die Verantwortung dafür, an einem Krieg beteiligt gewesen zu sein, der sich als Unrecht herausge-

Wolfgang Borcherts«, in: *Pack das Leben* (s. Anm. 4), S. 262–279, hier S. 265.

6 Dirk Niefanger, »Die Dramatisierung der ›Stunde Null‹. Die frühen Nachkriegsstücke von Borchert, Weisenborn und Zuckmayer, in: *Zwei Wendezeiten. Blicke auf die deutsche Literatur 1945 und 1989*, hrsg. von Walter Erhart und D. N., Tübingen 1997, S. 47–70, hier S. 51 f.

stellt hat. Die Identifikation mit dieser Haltung Beckmanns erlaubt, wie Reinhard Baumgart schon früh festgestellt hat, Entlastung. Beckmann wälzt den »Schuldberg« zurück »auf die ältere Generation, die für ihn nur doppelt schuldig wird dadurch, daß sie Schuld und Verantwortung durchaus nicht tragen will.«[7] Die wütende Abwehrreaktion, die sich schon bei der Hörspielausstrahlung in vielen Hörerreaktionen zeigte, wird dadurch ebenfalls verständlich.

Der Heimkehrer Beckmann findet dann seinen Platz besetzt: Im Ehebett liegt ein anderer, und in der II. Szene, in der ein Mädchen sich seiner annimmt, muss er zu seinem Schrecken feststellen, dass er selbst in die Rolle jenes anderen gerät, der wiederum den Heimkehrern, die nach ihm kommen, ihren Platz wegnimmt. Er reagiert darauf moralisch, mit Verzicht, was aber nicht verhindert, dass er von nun an die Welt weiter durch seine Gasmaskenbrille hindurch wahrnimmt, die ihm das Mädchen vorübergehend abgenommen hatte. Symbolisch verlängert sich so die Kriegsperspektive in die Gegenwart der Nachkriegszeit hinein, wie auch die Kriegsvergangenheit »als Erinnerungen und körperliche Gebrechen« in den Text hineingeholt wird.[8] Als Alternative erscheint lediglich der Zynismus des Kabarett-Direktors, der mit drei Brillen jongliert und Schillers der Autonomieästhetik verpflichtetes Geschichtsdrama *Die Jungfrau von Orleans*, den durch die Rezeption während des Dritten Reichs kontaminierten Richard Wagner, den Boxweltmeister Max Schmeling und den Hol-

7 Reinhard Baumgart, »Wolfgang Borchert, ein Hungerkünstler«, in: R. B., *Die verdrängte Phantasie. 20 Essays über Kunst und Gesellschaft*, Darmstadt/Neuwied 1973, S. 173–178, hier S. 175.

8 Niefanger, »Dramatisierung« (s. Anm. 6), S. 50.

lywood-Kinderstar Shirley Temple zur Befriedigung der Bedürfnisse seines Publikums auf eine Stufe stellt. Doch Beckmann kann sich in seiner Darbietung wieder nicht von der Vergangenheit lösen und lediglich einen Nazi-Schlager parodistisch umdichten.

Die V. Szene, in der er zu seinen Eltern zurückkehren will, zeigt, dass es tatsächlich gar keinen Weg zurück geben kann: Aus Verzweiflung haben die beiden sich umgebracht. War es in der im Februar 1947 ausgestrahlten Hörspielfassung die Verzweiflung über die Arbeitslosigkeit nach der Schließung der Werft von Blohm & Voß,[9] so bietet das im November 1947 aufgeführte Stück eine andere Motivation: Beckmanns Vater war »ein bißchen doll auf die Juden«. »Na, und als das braune Zeitalter vorbei war, da haben sie ihn dann hochgehen lassen, den Herrn Vater. Wegen den Juden« (S. 56). Deshalb wohnt jetzt eine Frau Kramer in der elterlichen Wohnung, die Beckmann ungerührt mitteilt, seine Eltern hätten »sich dann selbst endgültig entnazifiziert« (S. 57) und sich mit Gas umgebracht.

Jan Philipp Reemtsma hat auf das Problematische dieser Geschichte hingewiesen: Auch die Eltern Beckmanns würden »in die große Zahl derer, die Opfer sind, eingereiht, sonst nichts. Wäre Vater Beckmann nichts gewesen als ein bekennender Antisemit, nichts wäre ihm geschehen«.[10] Besonders empört Beckmann sich über den Zynismus der Kramers: »Sowas Dummes sagt mein Alter, von dem Gas

9 Die Szene ist abgedruckt in: Wolfgang Borchert, *Das Gesamtwerk*, hrsg. von Michael Töteberg unter Mitarb. von Irmgard Schindler, Reinbek b. Hamburg 2009, S. 536 f. Welche dieser beiden Fassungen die früher entstandene ist, muss offen bleiben.

10 Reemtsma, »Generation ohne Abschied« (s. Anm. 3), S. 54.

hätten wir einen ganzen Monat kochen können!« (S. 57) In der Realität der deutschen Nachkriegszeit fanden die aus Kriegsgefangenschaft Heimkehrenden ihre Wohnungen oder die ihrer Eltern jedoch eher nicht besetzt vor, weil man die Antisemiten und überzeugten Nazis aus diesen vertrieben hätte, ganz im Gegenteil lebten viele Deutsche nach wie vor in den Wohnungen der Juden, die deportiert und vergast worden waren. Hinzu kommt, dass ausgerechnet Gas die Todesursache der Eltern sein soll. Zusammen mit der Zahl der »sechs Millionen«, die morgen »in die Massengräber der Welt« abwandern (S. 58), rechtfertigt das die Feststellung Volker Hages, dass kaum »sonst irgendwo in der deutschen Literatur dieser Jahre« die »unbewußte Abwehr des Themas so deutlich und verquer an die Oberfläche« treibe.[11]

Dass Borchert sich mit den Tatsachen durchaus beschäftigt hat, zeigt eine im Januar 1947 in der *Hamburger Freien Presse* erschienene Rezension von »KZ-Literatur«, deren gelungensten Beispielen er bescheinigt, sie gehörten »zu dem Notwendigen, das wir heute brauchen, um die Zukunft besser gestalten zu können«.[12] Er lässt sie aber nicht in sein Werk eingehen, in dem so gut wie immer die (nicht-jüdischen) Deutschen die Opfer sind und nicht die Juden, die Russen oder die anderen, die von den Deutschen ermordet oder mit Krieg überzogen worden waren. Durch Beckmanns Gasmaskenbrille bleibt unerkennbar, was es für die Zukunft gebraucht hätte: die Anerkenntnis von Schuld

11 Volker Hage, *Zeugen der Zerstörung. Die Literaten und der Luftkrieg. Essays und Gespräche*, Frankfurt a. M. 2003, S. 56.

12 *Kartoffelpuffer, Gott und Stacheldraht*, in: *Das Gesamtwerk* (s. Anm. 9), S. 497–504, hier S. 503.

und Trauer statt dem (psychologisch nachvollziehbaren) Wunsch, Verantwortung an die Generation zurückzugeben, die die jungen Männer in den Krieg geschickt hatte. Auch das trägt dazu bei, dass Beckmann am Ende des Stückes noch immer antwort- und ausweglos ›draußen vor der Tür‹ steht.

Zukunftsperspektiven in den Prosastücken?

In dem 1947 in *Die Hundeblume* als erstem Prosaband Borcherts veröffentlichten Text *Generation ohne Abschied* wird eine solche Zukunftsperspektive versucht. Aus der Generation ohne Abschied, ohne Bindung, ohne Vergangenheit, ohne Anerkennung, ohne Glück, ohne Grenze, ohne Gott, ohne Heimkehr wird eine »Generation voller Ankunft«: »Wir sind eine Generation ohne Abschied, aber wir wissen, daß alle Ankunft uns gehört.« (S. 91) Der Preis dafür ist eine Nivellierung, in der die Schauplätze des Krieges bei Smolensk und in der Normandie und private Orte wie ein Gut in Westfalen[13] zu einem Ort »auf der Welt« (S. 91) eingeebnet werden, wie es Borchert selbst in einem Brief aus dem Oktober 1947 deutlich macht: »Wenn ich nun schreibe: Alle Ankunft gehört *uns*, so meine ich damit nicht uns Deutsche, sondern sie gehört dieser enttäuschten, verratenen Generation – gleich, ob es sich um Amerikaner, Franzosen oder Deutsche handelt«.[14] Auf diese Weise wird einmal

13 Vgl. dazu Gordon Burgess, *Wolfgang Borchert. Ich glaube an mein Glück. Eine Biographie*, Berlin 2007, S. 161 f.

14 Zit. nach: ebd., S. 231.

mehr eine Entlastung der jungen deutschen Generation als verratene vorgenommen, die mit der amerikanischen und französischen (nicht aber etwa der russischen) gleichgestellt wird.

Für die stilistisch eher schlichte Seite von Borcherts Prosa stehen die Kurzgeschichten *Die Küchenuhr*, *Nachts schlafen die Ratten doch* und *Das Brot* (Letztere nimmt Hubert Fichte zwischen Texten von Thomas Mann, Mascha Kaléko und Gottfried Benn in sein *Lesebuch* ihm wichtiger Literatur auf[15]), denen der Schriftsteller vor allem seinen nachhaltigen Erfolg als Schulautor verdankt. Lakonisch und schnörkellos, unpathetisch und frei von vordergründiger Moralisierung – die Lektüre von Borcherts ›Lieblingsautor‹ Hemingway[16] wird hier spürbar – präsentieren sie ihre Figuren in ihrer kargen Nachkriegsumwelt. Sie lassen Spielraum für psychologische Einfühlung und unterschiedliche Deutungen und erlauben so eine Wirkung über ihren unmittelbaren Entstehungskontext hinaus. Sie sind aber auch lesbar als Ausdruck der »komplexe[n] Bewußtseinsgeschichte des historischen Augenblicks«,[17] in dem Borchert jeweils zwei Menschen einander begegnen lässt. Schon Peter Rühmkorf hat von »außerordentlich kunstvolle[n] Renaivisierungsverfahren«[18] gesprochen, die sich dem in mehreren Texten thematisierten kindlichen Wahrnehmungshorizont auch sprachlich annähern. In die Nähe des Stils von Schulaufsätzen kommen die *Lesebuchgeschichten* oder *An diesem*

15 Hubert Fichte, *Mein Lesebuch*, Frankfurt a. M. 1976.

16 Burgess, *Borchert* (s. Anm. 13), S. 184.

17 Elm, »Geschichtlichkeit und Aktualität« (s. Anm. 5), S. 266.

18 Peter Rühmkorf, *Wolfgang Borchert mit Selbstzeugnissen und Bilddokumenten dargestellt*, Reinbek b. Hamburg [9]2007, S. 153.

Dienstag. Nicht zuletzt diese Stileigentümlichkeiten machen Borchert zum »repräsentative[n] Autor der ›Stunde Null‹, der damals proklamierten ›Kahlschlag-Literatur‹«.[19]

Und wo bleiben die (anderen) Opfer?

Kritisch einwenden lässt sich gegen viele Texte Borcherts, dass sie den Horizont und die Mentalität ihrer Zeit zwar einfangen, sie aber nicht wirklich kritisch hinterfragen. Doch es gibt einige Erzählungen, die in dieser Hinsicht eine andere Sprache sprechen. Zu ihnen zählt die erst 1962 im Nachlassband *Die traurigen Geranien* publizierte Erzählung *Alle Milchgeschäfte heißen Hinsch*. Scheinbar im Einverständnis mit der Reaktion der Umwelt, die die Tochter der Hinschs als »muksch« bezeichnet, wird erzählt, wie ein als »heldische[r] Reiter« apostrophierter Milchwagenfahrer Elsie des Nachts ›an die Wäsche greift‹. Elsie »verkümmert« daraufhin »wie eine Primel«, wird »schräge« und eben »muksch«. Der Text lässt jedoch keinen Zweifel daran, was hier eigentlich passiert: das Heldentum des Fahrers besteht im Wesentlichen darin, des Nachts im Beisein von Frauen und Töchtern der Milchladenbesitzer sein Wasser abzuschlagen, und auch das, was er mit Elsie macht, wird eindeutig benannt, wenn es heißt, vielleicht sei ihm mittlerweile »Sehen, Hören und Vergewaltigen für dieses Dasein vergangen«.

19 Michael Töteberg, »Nachwort«, in: Wolfgang Borchert, *Das Gesamtwerk*, hrsg. von M. T. unter Mitarb. von Irmgard Schindler, Reinbek b. Hamburg ^{3}2013, S. 547–570, hier S. 566.

Die kleine Erzählung macht die Mentalität im Deutschland der 1940er Jahre (und wohl auch noch etliche Jahre darüber hinaus) deutlich: Männer sind nun einmal nicht »zartfühlend« und müssen ihr »unbeherrschtes, liebestolles, übervolles Herz« ausleben. Und wenn die jungen Frauen unter der Besitzergreifung durch die »behaarten Tatzen« seelisch zerbrechen, sind sie eben zu empfindlich. Die Kunst dieser kleinen Erzählung besteht darin, den Leser in ein scheinbares Einverständnis hineinzulocken und jenseits von moralischer Belehrung doch die (oben zitierten) Begriffe vorzuzeigen, die das Geschehnis eindeutig einordnen. Die häufige Charakterisierung dieses Textes als Teil von Borcherts heiterer und unterhaltsamer Seite zeigt allerdings auch, dass die Doppelbödigkeit häufig überlesen wird oder dass noch immer das Bewusstsein dafür fehlt.

Mit der auch stilistischen Verknappung von Konflikten und der Darstellung des zerstörten Hamburg in *Draußen vor der Tür* und einigen Erzählungen gilt Borchert neben Heinrich Böll (1917–1985) als einer der typischen Vertreter der sogenannten ›Trümmerliteratur‹, die auf die Zerstörung ideologischer Gewissheiten und der Sinnhaftigkeit von Geschichte mit einer ›Inventur‹ (nach dem Titel eines berühmten Gedichts Günter Eichs) der noch existenten Dinge reagierte – Vereinfachung und die kleine Form der Kurzgeschichte boten die formalen Äquivalente dazu. Dabei blieb jedoch die Sprache intakt, die Auflösung der Form und der Syntax wie im späten Expressionismus oder im Dadaismus am Ende des Ersten Weltkriegs wiederholte sich nicht, das Trauma versteckte sich hinter dem Vorzeigen der übriggebliebenen Dinge und Wörter. Wie in den frühen Erzählungen Bölls zeigt sich aber auch bei Borchert ein latenter »Hang zum Pathos, zur Symbolüberladung, zur sentimentalen Selbstdeutung des Erzählten, der dem Ziel des ›Einfachwerdens‹ unübersehbar widerspricht.«[20]

Doch bei Borchert gibt es auch die andere Form, die offensiv das Pathos nicht scheut, die die Traumatisierung vieler Deutscher mit anderen Mitteln zu repräsentieren versucht. »Wir brauchen keine Dichter mit guter Grammatik. Zu guter Grammatik fehlt uns Geduld« (S. 169), heißt es in *Das ist unser Manifest.* Vergangen ist mit dem Untergang des nationalsozialistischen Regimes und dem Ende des Kriegs auch das Gemeinschaftsgefühl der Soldaten, das bei Borchert – bei aller Gebrochenheit – doch auch positiv erscheint. Dieses Gefühl äußert sich in den immer wieder erwähnten Nazi- und Soldatenliedern: »Aber das Lied von den brausenden Panzern und das Lied von dem Edelweiß werden wir niemals mehr singen« (S. 167). Was aber dann? Mit dem ›Dritten Reich‹ scheint auch die heile und hohe Form der Kunst im Abgrund verschwunden (S. 170).

> »Hörst du den Chaoschoral aus Mozartmelodien und Herms Niel-Kantaten? Hörst du Hölderlin noch? Kennst du ihn wieder, blutberauscht, kostümiert und Arm in Arm mit Baldur von Schirach? Hörst du das Landserlied? Hörst du den Jazz und den Luthergesang?«

Kann etwas die »wohltemperierten Klaviere« (S. 169), die angeblich niemand mehr braucht, ersetzen?

20 Ralf Schnell, »Deutsche Literatur nach 1945«, in: *Deutsche Literaturgeschichte. Von den Anfängen bis zur Gegenwart*, 6., verb. und erw. Aufl., Stuttgart/Weimar 2001, S. 501.

In seinen beiden längsten Erzählungen *Im Mai, im Mai schrie der Kuckuck* und *Die lange lange Straße lang*, die eine Sonderstellung in seinem Werk einnehmen, wiederholt Borchert diese im Manifest aufgeworfene Frage (S. 108):

> »Denn wer unter uns, wer denn, ach, wer weiß einen Reim auf das Röcheln einer zerschossenen Lunge, einen Reim auf einen Hinrichtungsschrei, wer kennt das Versmaß, das rhythmische, für eine Vergewaltigung, wer weiß ein Versmaß für das Gebell der Maschinengewehre, eine Vokabel für den frisch verstummten Schrei eines toten Pferdeauges«.

Auch wenn in *Im Mai, im Mai schrie der Kuckuck* dem Dichter das »Verschweigen« empfohlen wird, so hält sich Borchert doch besonders in diesen Texten nicht an diese Vorgabe. Zwar gibt es »keine Vokabel, keinen Reim und kein Versmaß«, »kein Drama, keine Ode und kein[en] psychologische[n] Roman« (S. 108), die aussagen könnten, was der Krieg mit den Menschen gemacht hat, aber es bleiben der Rhythmus der Prosa, den Borchert in *Das ist unser Manifest* auf den Begriff ›Jazz‹ bringt, und es bleibt die Figur der (abgebrochenen) Wiederholung, die schon im Ruf des Kuckucks manifest wird und sowohl das In-sich-Kreisen des Traumas zum Ausdruck bringt als auch »den trostlosen Männergesang von Madagaskar« (S. 122) zu übertönen versucht (S. 125 f.):

> »Aber sie fahrn nie mehr nach Rußland, nein, sie fahrn nie mehr nach Rußland, denn keine Lokomotive fährt mehr nach Rußland keine Lokomotive fährt mehr nach

> Rußland keine Lokomotive fährt mehr nach Rußla nach Rußla keine denn keine Lokomotive fährt mehr nach nach denn keine denn keine Lokomo keine Lokomo keine Lokomo kei – –«

Am eindrücklichsten wird das in der Erzählung *Die lange lange Straße lang*, die bereits im Titel eine Repetition enthält. Leutnant Fischer marschiert diese Straße entlang auf dem Weg zur Straßenbahn. Ähnlich wie die Hauptfigur in der Erzählung *Preußens Gloria* am gleichnamigen Militärmarsch hält er sich durch den Marschrhythmus und Herms Niels »schneidig ist die Infantrie die Infantrie die Infantrie« (S. 128) aufrecht.

Fischer kommt nicht los vom Krieg (S. 128):

> »Dann haben sie 57 bei Woronesch begraben. Vorher haben sie noch gesungen. Hinterher haben sie nichts mehr gesagt. 9 Autoschlosser, 2 Gärtner, 5 Beamte, 6 Verkäufer, 1 Friseur, 17 Bauern, 2 Lehrer, 1 Pastor, 6 Arbeiter, 1 Musiker, 7 Schuljungen. 7 Schuljungen. Die haben sie bei Woronesch begraben.«

Diese Aufzählung der in der Verantwortung des Leutnant Fischer einen sinnlosen Tod Gestorbenen zieht sich repetitiv durch die ganze Erzählung, sie bildet den Kern von Fischers Trauma. Auch dieser Text zeigt seine Wörter vor (S. 137):

> »Wand Wand Tür Fenster Glas Glas Glas Laterne alte Frau rote rote Augen Bratkartoffelgeruch Haus Haus Klavierunterricht pink pank die ganze Straße lang die

> Nägel sind so blank Kanonen sind so lang pink pank die ganze Straße lang Kind Kind Hund Ball Auto Pflasterstein Pflasterstein Kopfsteinköpfe Köpfe pink pank Stein Stein grau grau violett Benzinfleck grau grau«.

Die Begriffe bilden in der Wiederholung bzw. repetitiv das buchstäblich nach, was Fischers Wahrnehmung innerlich wie äußerlich ausmacht und einen letzten ungewissen Halt verspricht, an dem man sich entlang tasten kann. Einbezogen wird der Reim (Schlechte Augen schnell behoben / Optiker Terboben / Im 2. Stockwerk oben«), der seine Poesie und mit ihr seine tröstende Funktion verloren hat. Die Begeisterung der überlebenden Deutschen für Konzerte mit klassischer Musik, wie sie mit unterschiedlichem Tenor Ruth Andreas-Friedrich (1901–1977) in der Wiederaufführung jüdischer Komponisten vor fast tausend Menschen in Berlin schon am 26. Mai 1945 beschreibt[21] und der Autor und Kritiker Peter Weiss (1916–1982) 1947 aus Anlass des ersten Konzerts des berühmten Dirigenten Wilhelm Furtwängler (1886–1945) nach dessen Rehabilitierung als »Neo-Nationalismus« brandmarkt – die »orkanartige Ovation ist wie eine Entladung, sie ist ein Protest gegen die Entnazifizierung und ein Ausdruck eines überwältigenden Gefühls: wir leben noch!«[22] – wird von Leutnant Fischer als Flucht in eine für zehn Mark erhältliche Erbauung gewertet, mit der bzw. durch die man sich »sauberwaschen«

21 Ruth Andreas-Friedrich, *Schauplatz Berlin. Tagebuchaufzeichnungen 1945 bis 1948*, Frankfurt a. M. 1986, S. 41 f.

22 Peter Weiss, *Die Besiegten*, aus dem Schwed. von Beat Mazenauer, Frankfurt a. M. 1985, S. 125.

kann. Nur in dieser Funktion unterscheidet sich die Aufführung der Matthäus-Passion von einem Fußballspiel (S. 148):

> »PASSION steht auf den Eintrittskarten rechts von der Straße, für 10 Mark PASSION. POKALSPIEL steht auf den blauen, den blumenblauen Billetts für 4 Mark auf der linken Seite der Straße. BARRABAS! schrein sie rechts. TOR! schrein sie links.«

Die blaue Blume der Romantik und der Literatur hat ihre Farbe an die Eintrittskarte für ein Fußballspiel abgegeben, bei dem man Leutnant Fischer und die 57 von Woronesch (und es wäre hinzuzufügen: wohl auch die 6 Millionen Toten u. a. aus Auschwitz, die Borchert auch hier nicht nennt) vergessen kann. In der Kompositbildung von »Matthäus-Pyramidon« findet das seinen stärksten Ausdruck. Es glüht »das Lämpchen Schwindel«.

Was bleibt übrig? »Tingeltangel, macht die Klingel der Straßenbahn. Und keiner weiß: wohin? Und alle fahren: mit. Und keiner weiß – – – – und keiner weiß – – – – und keiner weiß – – – –« (S. 154). Es ist wohl kein Zufall, dass die Erzählung mit dem lautmalerischen« »Tingeltangel« der Straßenbahnklingel endet und somit eine (nach der Dudendefinition) »als niveaulos, billig empfundene Unterhaltungs-, Tanzmusik« aufruft, die die grundsätzliche Infragestellung von Kunst noch einmal unterstreicht.

Die Erzählung *Die lange lange Straße lang* bildet dennoch eine Extremposition in Borcherts Werk, die in ihrer Schärfe einzigartig bleibt. In der abgebrochenen Repetition des »Und keiner weiß« überbietet sie ganz entschieden das

»Gibt denn keiner, keiner Antwort??? des Endes von *Draußen vor der Tür*.

Die handschriftlich dem in letzter Zeit wegen seiner doch größer als angenommenen Bereitschaft zur Mitarbeit in nationalsozialistischen Produktionen in die Diskussion geratenen Romancier, Lyriker und Kinderbuchautor Erich Kästner (1899–1977) gewidmeten Exemplar des Typoskripts der *Lesebuchgeschichten* beigefügte Überschrift »Nun singen sie wieder«, die den Titel eines 1945 uraufgeführten frühen Theaterstücks des Schweizers Max Frisch (1911–1991) zitiert, verdeutlicht noch einmal, dass man entsprechend der Auffassung Borcherts nicht einfach ›so weiter machen‹ konnte, weder in der Politik, die trotz aller Friedenskonferenzen schon wieder den nächsten (zumindest kalten) Krieg vorbereitete, noch in der Kunst oder der Literatur, die von wenigen Ausnahmen abgesehen längst schon wieder damit beschäftigt war, in einer Manier ›Gedichte zu schreiben‹, als wäre nichts geschehen, zu ›singen‹, als hätte es die vielen Toten, die nicht mehr singen können, nicht gegeben. Auch viele von Borcherts eigenen Texten stehen in einer solchen Kontinuität, aber einige vermitteln doch den Eindruck, dass genau dies zu den Fatalitäten oder unvermeidbaren Eigenheiten der Zeit gehört. Das erklärt den Impuls des letzten, 1947 im Clara-Spital in Basel geschriebenen Textes mit dem gewiss unpolitisch bleibenden, aber in seiner Leidenschaft sehr authentischen Aufruf: »dann gibt es nur eins: Sag NEIN!«

Borchert als Klassiker?

Will man Borchert gerecht werden, so gilt, was für die meisten anderen Autorinnen und Autoren auch gilt: Die alten Texte sind immer wieder neu zu lesen; sie sind darauf zu befragen, was sie uns über ihre Entstehungszeit sagen können (im Falle Borcherts: eine Menge), wo ihre Begrenzungen liegen, was an ihnen heute in einem neuen Licht erscheinen kann. Es macht keinen Sinn, Borchert auf das Podest eines zeitlosen Klassikers zu stellen, der uns ewige (pazifistische) Wahrheiten zu verkünden hätte, die in jeder neuen Krisensituation einfach wieder abgerufen werden könnten. Doch auch eine Musealisierung als Vertreter der ›Stunde Null‹, der ›Trümmerliteratur‹ oder der Heimkehrerliteratur nach dem Ende des Zweiten Weltkriegs wird ihm nicht gerecht. Er verdient es, neu und kritisch gelesen zu werden. Sein früher Tod macht ihn zu einem ewig jungen Autor, der als ein Suchender, der viele Fragen hat, aber kaum Antworten, immer wieder gerade auch junge Leserinnen und Leser ansprechen wird.

Inhalt